U0747401

红绿灯亲子沟通法

3步让孩子学会自主学习

大阿托 著

人民邮电出版社

北京

图书在版编目（CIP）数据

红绿灯亲子沟通法 ： 3 步让孩子学会自主学习 / 大
阿托著. -- 北京 ： 人民邮电出版社，2025. -- ISBN
978-7-115-67736-5

Ⅰ．G791；G782

中国国家版本馆 CIP 数据核字第 2025PR9142 号

◆ 著　　　　大阿托
责任编辑　朱伊哲
责任印制　周昇亮

◆ 人民邮电出版社出版发行　　北京市丰台区成寿寺路 11 号
邮编　100164　电子邮件　315@ptpress.com.cn
网址　https://www.ptpress.com.cn
天津千鹤文化传播有限公司印刷

◆ 开本：880×1230　1/32
印张：6.375　　　　　　　2025 年 9 月第 1 版
字数：137 千字　　　　　　2025 年 9 月天津第 1 次印刷

定价：52.00 元

读者服务热线：**(010)81055296**　印装质量热线：**(010)81055316**
反盗版热线：**(010)81055315**

前　言

教育孩子可以简单而高效

任何事情都应该做到最简单，而不是相对简单。

——阿尔伯特·爱因斯坦

这本书的写作接近尾声时，大女儿给我打来电话。

她刚出国留学两个多月，语言、饮食、交友、学业方面的压力纷至沓来，应对这些压力对一个孩子来说真的是巨大的挑战。

我听她述说面临的压力，并问："你希望爸爸怎么帮你？"

她说："听我唠唠就行，你又没法替我解决问题。"

就这样，一小时左右的时间里，主要是她说，我听；遇到她拿不准的问题，我就问她几个教练问句，她继续说，我继续听。

最后，她笑着说："好了，没事了。"

然后她说："你这爹，说靠谱也靠谱，说不靠谱也挺不靠谱的。"

我说："怎么讲？"

她说："说你靠谱，是因为我有烦心事的时候，能放心给你打电话，知道你不会让人扫兴。说你不靠谱，是因为你就是问一些问题，也帮不了什么忙，最后还是要靠我自己解决问题。"

我说："是呀，孩子。爸爸能力有限。你的人生路，爸爸没法替你走，没法替你解决所有问题，那样对你也不公平，因为那是你的路；我走你的路，你就没路可走了。也许我唯一能做的就是支持你自主解决问题，自主走好你的人生路。在陪你长大的过程中，我犯过很多错误，有些错误是我自己都无法原谅自己的。但你仍然克服了那么多困难，做得那么好，真的让我惊讶。"

她说："是呀，回头看看，我也觉得自己挺牛的。"

这是一本一个会犯错误的普通父亲写给普通父母的书，是一本让会犯错误的普通父母也能教育出"很牛"的孩子的书。

这也是一本一名心理教练写给父母的书，讲的是教练式沟通的理念和技巧，是一本让父母在自我教练的基础上，教练孩子自主解决问题、自主学习的书。

本书的理念和技巧来源于一个叫作"焦点解决短期治疗"的心理咨询流派。焦点解决的特点是简单、实用、高效、实操性强。在多年的工作中，在与很多父母、孩子共同成长的过程中，笔者又发展出一个具象、直观的沟通工具（或叫"教练工具"），以使焦点解决的理念和技巧的应用变得更为简单高效。很多父母的实践证实它确实能达到这样的效果。

简单会让亲子沟通、家庭教育变得容易，但简单并不等同于容易。书中简单的理念和技巧，需要反复琢磨、反复练习、反复实践。

本书尽可能不使用专业名词，而用大白话表达，以便对作为父母的读者更友好；但也努力做到每句话都有出处，它们要么来自大师们（包括笔者的授业恩师们）的经典著作、研究与实践，要么来自笔者与父母、孩子们一起交流的实际案例。

愿天下父母免于焦虑，让天下孩子自主成长，这是笔者从事教育行业的初心。路漫漫其修远兮，这本书是践行这一初心的一部分，愿它能尽绵薄之力，帮助更多的父母和孩子。

目 录

第**3**章
高效能父母未必是解决问题的高手，但一定是消融问题的高手

第**4**章
建构目标：没有目标的船，哪个方向都是逆风

第**5**章
创设未来：注入希望的魔法棒

第6章
制定策略：小改变带来大不同

第7章
从"我""你""他"到"我们"：家庭、学校、孩子如何结成同盟？

第 **1** 章

搞定 3 件事，轻松培养孩子的自主学习力

1.1 "教育孩子为什么这么难？！"

就在刚受邀写这本书，还在构思初稿的时候，我在一家小饭馆里同时见到了两对崩溃的母子（女）。他们的故事颇能代表很多父母教育孩子既辛苦又低效的情况。

小饭馆在我的工作室附近，饭菜颇合我的胃口，店主夫妇也十分和气，所以我常去。

在晚饭时分，小饭馆内大都会上演"鸡飞狗跳"的场景。你大概已经猜出来了，这是父母在辅导孩子写作业。店主夫妇没有雇员工，一边忙着照顾客人，一边抽空辅导孩子。辅导孩子的工作多由妈妈承担，爸爸偶尔出面。孩子在里间写作业——父母的吼声是从那里传来的。

吼的内容，无非是孩子写作业时不用心、抠橡皮、挖鼻孔、发呆、坐姿不正、写题出错、讲题听不懂等，也不时会有"你怎么这么笨？""我说你多少次了，你为什么不能用点儿心？"等带有负面情绪的话语。我偶尔也见这孩子在门口玩，是个女孩子，蛮清秀的。根据父母大声给孩子讲的题来判断，孩子应该在读三年级。

一天晚上，我又去吃饭，里间仍不时传来吼声，我已经有点见怪不怪了，邻桌一对母子却引起了我的注意。这对母子中也突然有一个人吼了起来，但吼起来的不是妈妈，而是身材高大的青春期儿子。

起先，妈妈苦口婆心地在给儿子讲道理。我听到的有"儿子，你该收收心了""你是个聪明孩子，要是上点儿心，学习一定没问题""你很棒的""少玩点儿手机""考不上高中可怎么办？"等。妈妈始终语气温和，小心翼翼到了卑微的程度。儿子一开始只是低头吃饭，不说话，但筷子与碗盘的碰撞声却越来越大、越来越急促。

妈妈继续说着。

儿子突然站起身，对着妈妈挥舞双手，声嘶力竭地大吼起来："你有完没完？天天都在说这些！我受够了！"他把筷子摔在桌上，推门而出。妈妈回过神来，追了出去："儿子，儿子……"

过了一会儿，她又回来付饭钱。

店主妈妈说："现在的孩子真难教育。"

食客妈妈声音哽咽着说："我都不知道该怎么当这个妈了！"

做家庭教育工作十几年，无论是在一对一教练对话中，还是在团体家长课上，开始时，我听到父母们说得最多的话就是："教育孩子为什么这么难？！"

孩子不爱学习怎么办？

孩子学习没目标怎么办？

孩子学习时粗心马虎怎么办？

孩子学习自制力差怎么办？

孩子偏科怎么办？

孩子学习时依赖父母怎么办？

孩子对学习有抵触情绪怎么办？

孩子玩手机不学习怎么办？

孩子写作业磨蹭怎么办？

孩子专注力差怎么办？

孩子上课不认真听讲怎么办？

孩子不喜欢阅读怎么办？

…………

问题层出不穷，好不容易解决了一个，其他方面又出状况，按下葫芦浮起瓢，父母真是有操不完的心、受不完的累。操心受累倒还罢了，把孩子教育好也值了，可偏偏教育结果还是不尽如人意。

可是，也有少部分父母是"别人家的父母"，培养出了"别人家的孩子"，这些父母却偏偏看起来十分轻松、从容。

在一次个案教练对话中，案主（一位妈妈）就对我说了一件"气人"的事。

她有一位同事，养了一个"别人家的孩子"。据说这个孩子从上小学起就开启了学霸之路，虽然高考时出现失误，但仍然考上了"双一流"大学。案主见过这个孩子，在她的印象里，这个孩子不只是学习好，"情商也高"，言谈举止间显示出很强的社会适应力，被认为一定是个有出息的孩子。

我问她是否请教过这位同事是怎么教育孩子的，学学经验。

她说："问过，其他同事也问过，可是后来都不问了，太气人了。"

我问为什么气人。

她说："人家说，没怎么管过孩子。"

这确实太"气人"了：一边是父母操碎了心，孩子的学习成绩仍然不好；一边是"没怎么管过"，孩子却是学霸，而且其他方面也很优秀。

她觉得唯一有启发的是"人家亲子关系特别好"，但这一启发对她好像并没有什么帮助："都不怎么管孩子，亲子关系能不好吗？"

同样是家庭教育，为什么会出现如此大的差别？要想解答这个问题，我们需要透过现象看本质——幸运的是，复杂现象的背后往往隐藏着简单的本质。

孩子的学习问题、成长问题等各种纷繁复杂的现象背后也有着简单的本质。众多父母因孩子出现的各式各样的问题而头痛，少数父母"没怎么管过"孩子，孩子还是各方面的表现都很优秀，这一复杂现象背后的本质问题只有一个，那就是孩子有没有自主学习力。

如果有自主学习力，孩子在学习、成长中就会展现出自主解决问题的能力，各式各样的学习、成长问题也都会自然而然地消失不见。

那么，我们就来看看什么是严格意义上的自主学习，以及自主学习能否解决让父母们普遍头痛的各种问题。

所谓自主学习，指学习者主动地计划、选择和运用策略，调控自己的感受、行为和环境，以期有效地达到所设定的目标。

也就是说，所谓自主学习，就是孩子（学习者）自己主动确定学习目标和学习计划，自己选择合适的学习策略，而不需要父母、老师"催、拉、拖、拽"，自动自发，自我驱动，自我监控，自我管理。自己所选择的学习策略也许有效，也许效果一般，也许无效，但他绝不会一根筋，绝不会不撞南墙不回头，而是有效就多用、无效就调整，直至找到最合适、最高效的学习策略，达到事半功倍的学习效果。他同时也会主动管理和调控学习时的情绪与状态，心情好、兴致高要学；心情不好，调整情绪、调整状态接着学。他会主动调整自己的学习行为，分心了，就自我提醒把注意力放在学习上，拖拉磨蹭了就自我提醒、自我管理，动作立刻麻利起来。周边环境影响学习了，他就换个环境或者调整环境，有朋友拉自己打游戏，就对他们说"不"。通过以上行为，他最终将达成自己所设定的学习目标。

根据自主学习的严格定义，请核对上面的每个问题，以及自己孩子身上存在的任何其他学习问题。试想，如果培养了孩子的自主学习力，哪一个问题不会自动消融？任何一个智商正常的孩子是不是也可以像那位"气人"的妈妈的孩子一样，不用父母怎么管，就能成为各方面表现都很优秀的孩子？

1.2 警示：培养孩子的自主学习力，大部分父母会陷入死胡同

事实上，即便不基于笔者前面的推论，单纯依靠常识，父母们也能得出"如果孩子能自主学习，就不会有这样那样的问题了"的结论。父母几乎都在要求孩子自动自发、自主学习。店主妈妈不时对孩子吼"你能不能主动点儿呀？""你能不能用点儿心呀？"，食客妈妈小心翼翼的话语，都是想让孩子自主学习。

她们一个硬一个软，但看起来都没能如愿以偿。问题出在哪里？

要想理解这个问题，我们需要做一个思维游戏。

请思考以下问题，并勾选你认为正确的选项。

店主妈妈经常对女儿发出这样的指令："你能不能主动学习呀？你是为我学习的吗？现在就去学习，马上！"

（1）女儿无动于衷，继续和弟弟一起玩游戏，或干其他的事。请问：此时，从店主妈妈的角度看，女儿做对了还是做错了？

☐对　☐错

（2）听到妈妈的指令，女儿不再玩游戏，去学习了。请问：此时，从店主妈妈的角度看，女儿做对了还是做错了？

☐对　☐错

第（1）题的答案很明显是"错"，这个无须讨论。

第（2）题则颇为有趣。在"红绿灯亲子沟通法"（后面会详细解释）父母课堂上，常会有父母选择"对"，但当勾选"错"选项的父母说出理由时，前者才恍然大悟。

女儿听到妈妈要求她"主动学习"的指令后继续玩游戏，肯定做错了，妈妈的教育目标没有达成。但妈妈发出"现在就去学习"的指令，女儿去学习了，此时她的学习行为仍然是被动的，而不是主动的，是妈妈推动的，而不是自主的，所以她还是错的。妈妈要求孩子主动学习、自主学习的教育目标还是没有达成。

这便是父母培养孩子自主学习力过程中的悖论现象，它普遍存在，但也被普遍忽视：父母要求、命令、劝说孩子自主学习，无论孩子怎么做，他都是错的，父母都达不成培养孩子自主学习力的教育目标。父母和孩子双双陷入进退两难、左右皆误的死胡同：父母觉得孩子不主动学习，如果不去要求孩子的话，问题就一直存在，一直得不到解决；而如果要求孩子的话，孩子不去学习是不主动，孩子去学习还是被动。而孩子也满腹委屈：父母要求了，不听话是错的，听话还是错的。

这种进退两难的悖论困境并不只在亲子之间存在，实际上，只要涉及"自动自发"的情形，这种悖论困境都存在。请试想以下场景。

一位女士希望老公爱自己（这种想法很正常，不是吗？），而且她希望这种爱是自动自发的（这也很正常，不是吗？）。

马上到情人节了，她希望老公主动送自己玫瑰花来表达爱意，但又不确定他能不能想起来，因为去年的情人节他就忘了，两人还因此闹了矛盾。

她一直忐忑地期待，想发现老公任何一点主动的迹象，却一无所获。于是，她给了各种暗示，然而也没得到回应。直到2月13日，她实在忍不住了，她不想再过一个糟糕的情人节，只好对老公说："知道明天是什么日子吗？"

第二天，她收到了一大束漂亮的玫瑰花。

但她并没有感到开心，反而很难过，抱怨老公不再爱她了。

老公说："花都买了，怎么还说不爱你？"

"我要了，你才给，这算什么！"

"你要我就给，这还不够吗？"

"爱是要来的吗？爱是讨来的吗？我成什么了？讨饭的吗？"

"又来了！不给不行，给也不行，你到底要我怎样？"

"你还不耐烦了，果然是不爱了！"

——他们又过了一个糟糕的情人节。

1.3　培养自主学习力，父母是怎么陷入死胡同的？

在培养孩子的自主学习力的过程中，父母常常陷入进退两难的悖论困境，进入左右皆误的死胡同。有两个因素导致了这种局面，一是边界混乱，二是聚焦问题，这让父母和孩子都感到辛苦甚至痛苦，同时却收效甚微。

边界混乱，就会陷入培养自主学习力的死胡同

天下只有 3 件事：我的事、你的事和老天的事。

所谓边界，就是分清"天下 3 件事"；所谓边界，就是你的事归你，我的事归我。

你的事

本书是为父母写的，所以在本书和"红绿灯亲子沟通法"父母课堂上，我们把父母设定为第一人称"我"，把孩子设定为第二人称"你"。"我的事"为父母的事，"你的事"为孩子的事。

关于"你的事"，我们再来看一遍自主学习的定义。所谓自

主学习，就是孩子自我负责、自主处理与学习有关的事情，包括设定目标、制订计划，选择和调整学习策略与方法，调整自己学习时的感受、行为和环境等。

也就是说，学习是孩子的事，孩子在有关学习的范围内，自主处理所有的事情。学习是"你的事"，你的事归你。

那位"气人"的妈妈之所以培养出各方面都很优秀的孩子，秘诀恰恰在于她对孩子"没怎么管过"——你的事归你。对于"你的事"，"我"是"不怎么管"的，这是边界清晰的。

店主妈妈和食客妈妈则正相反，她们的边界是混乱的，对于"你的事"管得很多。

店主妈妈对女儿的事严格管理，包括但不限于写作业的姿势、专注力的调整、思考过程等。这等于把本属于孩子的事让妈妈管，让妈妈负责。孩子因此没有发展自己能力的空间，也就无从发展自主学习力。

食客妈妈也是如此，只不过因为她的儿子到了青春期，所以对妈妈管自己的事激烈反抗，但她仍然想尽一切办法要去管，最后儿子才摔了筷子。

到这里，可能有读者会想到"放手"这个词，并产生以下困惑：第一，跟孩子分那么清，你的事归你，我的事归我，放手不管孩子的事，我和孩子岂不是没有关系了吗？我们岂不成了路人甲、路人乙？第二，孩子的事我也不想管呀，可是他做不好，我不管不行，放不了手呀！

在本书中，我用"抽离"这个词来代替大家熟悉的"放手"，用"卷入"来代替"插手"。因为"放手"没有程度之分，要么放，要么不放，没有既放又不放、半放半不放之说；"插手"也没有程度之分，要么插手，要么不插手，没有既插手又不插手之说。而"抽离"和"卷入"则有程度之分，培养孩子的自主学习力、使孩子自主成长的过程，就是父母从"你的事"的层面逐步抽离出来、卷入得越来越少的过程，而不是父母立刻不管不问地"放手""不插手"。

那么，怎么逐步从"你的事"的层面抽离出来，并最终培养出孩子的自主学习力呢？

我们需要看到另一个层面。

请注意，"你的事"包括两个层面：一个是"你"，这是"人"的维度；另一个是"事"，这是"事"的维度。在父母与孩子那里，边界清晰同时也意味着紧密的关系联结，而紧密的关系联结就是对"人"的高度关注。

培养孩子的自主学习力，不只是让你的事归你，不只是关注"事"的层面，还要关注"人"的层面，即父母对孩子这个"人"高度关注，与之建立良好的亲子关系。

通过有限的信息即可判断，那位高效能的"气人"妈妈虽然对"你的事"抽离度很高、卷入度很低，但对孩子这个"人"的关注度很高，能高度关注孩子的感受、情绪、想法、需求等——她和孩子之间的"亲子关系特别好"。

而在店主妈妈和食客妈妈那里，我们则能够看出，她们对孩子这个"人"的关注度较低，即高度卷入"事"，而低度关注"人"。

其中以店主妈妈为甚，她的话语很少体现出她在考虑孩子的感受、情绪、想法和需求等。

食客妈妈因为碰壁太多，开始试着关注孩子这个"人"，语气变得小心翼翼，也努力夸奖孩子。但孩子之所以对她大吼，还是因为自己的感受、情绪、想法、需求等没被看见。

在两个孩子看来，妈妈特别在乎的是"事"，很少关注"我"这个"人"，"我"不重要，"事"才重要，"我"没有价值，"事"才有价值；学习这件"事"比"我"这个"人"珍贵。虽然这肯定不是妈妈的本意，但妈妈低度关注"人"、高度卷入"事"的教养方式，却让孩子有了这样的感受。

看得出来，3位妈妈都十分爱自己的孩子，但因为边界感不同，对"事"的卷入度不同，对"人"的关注度不同，3个孩子感受到的来自妈妈的爱相差甚远，他们的学习状态和学习结果也大相径庭。

我的事

店主妈妈和食客妈妈高度卷入孩子的"事"，低度关注孩子的"人"，同时，她们还忽视了"我的事"，对自己这个"人"低度关注，对自己的"事"也低度关注。

养育孩子是一项伟大而艰辛的工作。父母不应该被指责，而应该被支持、被赋能。很遗憾，直到这里，我一直在用店主妈妈和食客妈妈作为"反面教材"。如果这给读者造成了我在批评、指责她们的印象，实在不是我的本意。

如果一定要指出她们的"错误"，我想说她们所犯的最大的"错误"是太想做伟大的、完美的妈妈，而忽略了自己。

她们爱孩子，想替孩子搞定一切。她们不辞辛苦，几乎要对孩子的所有事都负责。她们试图成立一家"无限责任公司"，唯一目的是让孩子学得好、活得好，而且整家公司从总经理到员工，大多数时间就只有她们自己，她们的育儿之路因此变得更为艰辛。

对于很多深爱孩子的父母而言，他们在成为父母的那一刻就忘掉了自己，他们承担起"×××的父母"这个角色，而忘记去稍稍照顾"我"。这实在令人惋惜。

店主妈妈和食客妈妈简短的对话令人难过，但即便是在这对话中，她们也没有提到自己，她们说的不是"我很难过""我很辛苦"，而是在为孩子忧心，说的是"孩子难教育"，想的是怎么给孩子当好妈妈。

在"人"的层面，我们的感受、情绪和需求不会因为我们做了父母而消失。父母需要看到、关注自己这个"人"，需要自我关爱、自我支持、自我赋能，需要滋养自己，让自己的感受好一些，让自己的情绪平和一些，让自己的生命质量高一些。

但两位妈妈几乎没有关注自己。这似乎是被反复歌颂的妈妈的"无私"。但她们没有发现，这样的"无私"实际上并没有惠及孩子，反而给孩子造成很大的压力：她们在无意之中让孩子承担起了来自她们的重担——店主妈妈的女儿和食客妈妈的儿子在承担妈妈的焦虑、无力、沮丧、恐惧等情绪。

这惹来部分人对有些父母的指责，说有些父母把自己的负面情绪倾泻到孩子身上——这些父母让孩子背着自己前行。这样的指责从"事"的层面来看并没有错，有些父母确实没有把自身的情绪管理这件"事"做好，但这样的指责同样忽略了父（母）亲这个"人"。

家庭教育中诡异的指责链条就此形成：父母指责孩子做不好"事"，而忽略了孩子这个"人"；部分人指责父母过度关注孩子的"事"，而不关注孩子这个"人"，这种指责又忽略了父（母）亲这个"人"而执着于指责父母的"事"；父（母）亲这个"人"因此更没有力量，更容易忽略自己这个"人"和孩子那个"人"……如此循环往复，大家都高度卷入"事"，而低度关注"人"。

是时候打破指责链条了。专业人士需要支持、赋能父母，关注父（母）亲这个"人"，父母也需要关注自己这个"人"，自我关爱、自我支持、自我赋能，并开始关注孩子这个"人"，关爱、支持、赋能孩子，最终使孩子学会自我关爱、自我支持、自我赋能。

当然，父母还要对自己的"事"负责。

两位妈妈在忽略了自己这个"人"的同时，还忽略了自己的"事"。如果说在"人"的层面，父母需要自我关爱、自我支持、自我赋能，以安顿好自己的感受、情绪和需求，那么父母也需要在"事"的层面自我改变、自我负责、自我成长，包括改进自己的情绪管理、沟通技巧、教育行为等。

"我的事"只有"我"能负责，别人负责不了。如果我们有意无意地让孩子负责"我的事"，这将远远超出他的能力范围，对他而言是无法承受之重。

他的事

关于"天下3件事"，有两种说法，一种说法是前文提到的我的事、你的事、老天的事，还有一种说法是我的事、他的事、老天的事。

你、我、他都是人称代词，对着一个人说话时，人们用第二人称"你"，这人不在场时则用"他"。

同时，教育是个系统，有父母、孩子、老师、同学、朋友、兄弟姐妹，还有爷爷奶奶、外公外婆等。其中有母子（女）关系、父子（女）关系、夫妻关系、师生关系、同学关系、兄弟姐妹关系、婆媳关系等。作为一个系统内的不同部分，它们相互影响，最终都会影响到孩子的学习和成长。

在亲子沟通中一定会涉及第三人的事："他的事"。关于

"他的事"，"我"和"你"都无法掌控，只能在分别做好"我的事"和"你的事"的前提下去影响。

老天的事

"老天的事"不在"我"和"你"可控的范围之内，有过去的事、未来的事、社会的事、自然的事等。

过去的事已成定局，无法更改；未来的事充满变数，也无法掌控；社会的事，如高考制度、录取分数线等，也不是个人所能左右的；自然的事，如下雨、刮风、出太阳，也多非人力可控。

但这不是说对"老天的事"，我们只能逆来顺受。

人不能控制过去，但可以控制对过去的态度，可以控制看待过去的角度。过去的经历中的问题、错误是无法改变、无法控制的，可以控制的是如何不纠结于过去的问题，如何从过去的错误中学习；同时，过去的事中也一定藏有成功经验、亮点行为、有效策略等资源，关注它们，将会影响当下和未来。

未来还未到来，担忧未来可能出现的糟糕结果，只能让当下失去行动力，反而可能会让糟糕的结局成真。"红绿灯亲子沟通法"的3步流程中，前两步与未来有关，"建构目标"可以让人厘清目标；"创设未来"可以唤醒人的内在力量，引出可能的有效行动策略；第三步"制定策略"则与过去有关，可以让人挖掘过去的成功经验，制定一小步的行动方案，然后聚焦于当下的每个行动，最终创造出想要的未来。

至于社会的事和自然的事，正是孩子学习的范围，是孩子在学校学习的社会科学和自然科学科目，也是孩子在社会和自然中进行适应性学习和成长的范围。

聚焦问题，也会陷入培养自主学习力的死胡同

现在，我们来处理关于"孩子做不好自己的事，父母不管不行"的问题。

要想处理这个问题，我们需要知道，凡事皆有两面，一面是问题，另一面是资源。

问题

关注点在哪里，能量就流向哪里。关注点在哪里，结果就在哪里。

店主妈妈对女儿的"事"高度卷入，对"人"低度关注，觉得对"你的事"不管不行，是因为她对女儿的每一点不足都很敏感。这当然是因为她爱女儿，希望女儿能表现得更好，学习更好，将来有更好的出路。但当她聚焦于孩子的问题时，就会去插手管理，去为孩子的事负责，却希望获得孩子能自动自发、自主学习的结果——闯入孩子的路，推着孩子跑，却想要孩子能自己跑得好。而当她插手越多、替孩子负责越多，孩子的自主学习力就越

差，她只好插手更多、负责更多。如此循环不止，陷入悖论困境而无法自拔。

随着年龄的增长，孩子维护自我边界的意识会越来越强，他们不想让父母管，把父母干涉自己的事视为侵犯自己边界的行为——他们想自己走路，走自己的路。青春期的孩子热衷于对父母说"不"，因为当他们对父母说"不"的时候，在某种程度上就意味着对自己说"是"，这是他们在确认自我的边界。青春期的孩子会像雄狮一样维护自己的领地，守护自己的边界，不惜对不请自来的"不速之客"亮出尖牙和利爪。青春期逆反也就来了：你越让我动，我越不动；你非让我动不可，我就掀桌子、摔筷子了。

父母觉得孩子不自觉是问题行为，是错的，是需要纠正的。而孩子觉得父母干涉自己是问题行为，是错的，是需要纠正的。每一方都觉得对方的行为是错误的，而自己的行为是针对对方错误行为的不得不做的恰当反应。

食客妈妈觉得儿子做不好自己的事，学习不积极、不主动，爱玩手机，走不好学习之路，觉得这是需要纠正的错误行为，就"实线变道"，跑到儿子的路上出手去推他。但她的行为引发儿子的反应——他觉得妈妈跑到自己的路上来干涉自己的行为是错误的、无法容忍的，他想自己走路，走自己的路，于是往外推妈妈。儿子为了推妈妈而忘了走路，更走不好路；妈妈看到孩子路走得更差了，就加大力气去推，儿子则加同样的力气往反方向推，更顾不得走路了……如此循环往复，两个人都使出了全部的力气，两个人都很辛苦，甚至很痛苦，局面越来越僵，路越来越走不好。

你会发现，在孩子的事上，高度卷入的父母往往有聚焦问题的思维方式。因为他们有更多的问题视角，总是第一时间关注问题。他们深爱着孩子，不希望孩子有这样那样的问题，希望孩子能学习好，未来有好的前程，所以就会陷入焦虑之中，急于纠正问题，急于改变孩子，为此拼尽全部力量，结果越努力问题越固着，越用力问题越多。用来解决问题的方法不但没有解决问题，反而导致了更大、更多的问题。

父母和孩子都是凡人，都不完美，总会时不时与问题迎面遭遇。

资源

当人们被问题纠缠时，往往会忘记问题之中总有资源。

纠结于问题，从来无法解决问题，解决问题需要找到资源。资源包括但不限于目标、愿景、优势、亮点、内在力量、有效策略等。

与聚焦问题的思维方式不同，"红绿灯亲子沟通法"秉承的是另一种叫作"焦点解决"的思维方式。

相比于聚焦问题，焦点解决的思维方式并不常见。但你身边如果有这样的人，你会很容易识别出来。他们通常显得积极乐观、放松从容，不纠结，较少内耗，通常在某个领域因为做事高效而取得了不错的成绩，比如工作上较为成功；当然也可能是在教育孩子方面显得并不费力却很成功，就像那位"气人"的妈妈一样。

在学习之路上给予孩子更多自主权，与孩子并道而行，高度关注孩子的"人"，而低度卷入孩子的"事"，这需要父母自身有足够的力量，对孩子抱持好奇、欣赏和信任的态度。这种力量和态度来自哪里？来自资源视角，来自聚焦解决而不纠结于问题的思维方式。拥有资源视角而不是问题视角的父母，能更多看到自己和孩子身上的内在资源，更为淡定，对孩子有更多的肯定，相信孩子有独立自主解决问题的能力，也就能更多地授权、支持孩子自主处理问题，也更容易有效培养孩子的自主学习力。

拥有焦点解决思维方式的人大概有两种。

一种是接受过专门训练的人。受过此项专门训练的人有具有焦点解决思维方式的心理咨询师、心理教练等专业助人者，也有经由他们训练过的家长、老师、企业管理人员或员工等。另一种则是没有受过专门训练的人。他们可能是天性如此，或因其天性加上成长环境中的各种因素的混合作用而有这种思维方式。

假如你未经训练就已拥有这种思维方式，那么恭喜你，你真的很幸运。但如果你现在还不具备这种思维方式，那么也恭喜你，因为你翻开了本书，并且读到了这里。

一个好消息是，即便现在不具备，经由学习和训练，每个人都可以习得这种思维方式并学会运用相应的简单高效的思维技巧和沟通技巧——就像笔者本人和接受训练的"红绿灯父母"一样。

有必要交代一下，焦点解决是一个专用的名词，来自一个叫作"焦点解决短期治疗"的心理咨询流派。作为一个前沿性的心理学派，焦点解决短期治疗诞生 40 余年来，在心理咨询、教育、教练、企业等领域惠及了无数人，创造了很多奇迹。我的同行以及我自己对家长的训练经历也表明，焦点解决的思维和技巧因其简单、实用、高效的特点，使非专业背景的家长也容易学习、掌握并落地运用在家庭教育的实践之中。在我的一对一教练对话中和团体家长课上，我常常会收到"豁然开朗""醍醐灌顶"的反馈。相信并希望你在读完本书后也会有这样的收获。

"红绿灯亲子沟通法"遵循焦点解决的 3 步沟通流程，来帮助父母和孩子探寻资源、唤醒力量、发掘潜能，助力父母成为高效能的父母，助力孩子自主学习，成为高效能的孩子。在接下来的章节中，你将反复读到它。

1.4　成为高效能父母，你无须完美

在工作中，我发现以上理论（"边界""问题""资源"等）对父母而言难免抽象，虽然一听就懂，但难以落实到操作层面，总是出现"知道做不到"的情况。于是，经过十几年的探索，我发展出一个具象、直观的沟通工具（或叫"教练工具"）。"红绿灯亲子沟通法"父母课堂上的实践表明，它能让父母与孩子的沟通更为简单高效。根据这个沟通工具的主要视觉元素，我把其称为"红绿灯，黑白走"，如下图所示。

这里，我简要介绍它怎么帮助父母培养孩子的自主学习力，并在后面的章节中详细讲述它如何使用。

红绿灯，黑白走

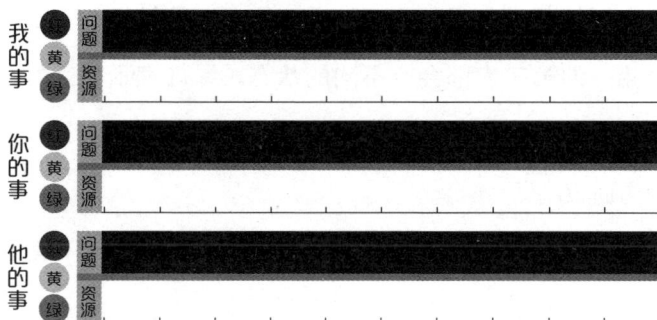

培养孩子自主学习力的沟通工具：红绿灯，黑白走

首先，我们可以看到，这个工具包括3个部分——"我的事""你的事""他的事"，就像3条并行不悖的道路，边界清晰又同向而行。父母在思考如何教育孩子或实际与孩子沟通时，可以具象化地借助3个不同的区域来使边界清晰起来，以区分父母的"我"、孩子的"你"、相关的第三人的"他"的责任归属。

至于"老天的事"，因为在亲子沟通中主要涉及过去的事、未来的事，主要涉及时间问题，所以用"时间轴"表示，就是位于黑白两色区域中间的灰色线条。"治愈的时间轴"是"红绿灯亲子沟通法"中一个重要的沟通技术，便于父母和孩子建立长线思维、厘清长期目标。我将在第4章中详细介绍。

"我的事""你的事""他的事"又包括黑色问题区和白色资源区两个部分，可以让父母和孩子不只是关注问题。白色资源区的存在可以具象而直观地提醒父母和孩子有意识地去探索各自的潜在资源。

每个区域都有一组红、黄、绿3色交通信号灯，表示父母、孩子、相关的第三人都会有不同的状态。绿灯表示状态好，红灯表示状态差，黄灯介于两者之间。在不同的状态下，父母应采用不同的沟通策略。

父母不可能永远情绪稳定、措施得当，会有"绿灯状态""黄灯状态""红灯状态"的波动，不可能永远处在"绿灯状态"，孩子也是一样的。在不同状态下，"红绿灯亲子沟通法"将提供不同的因应策略。父母无须完美，只需及时觉察当下的状态，即可采用相应的沟通策略。

父母的"绿灯状态"是指，在"人"的层面，父母自身从容淡定，对孩子充满好奇、欣赏和信任；在"事"的层面，对"我的事"（沟通技巧、教育策略等）成竹在胸，对孩子自主解决"你的事"也信心满满，可以高度抽离、低度卷入。这是教育孩子的最佳状态，就像是开车时一路遇到绿灯一样。

父母处在这种状态时，拥有的是资源视角，看自己、看孩子都觉得有足够的资源解决问题，即便孩子的学习状态为"黄灯状态"或"红灯状态"，父母也能稳稳地支持孩子自主解决问题。

父母的"红灯状态"是指，在"人"的层面，父母充满焦虑感和无力感，对孩子则只看到问题多多，是担心的、不敢信任的；在"事"的层面，急于卷入孩子的"事"。这时候父母看自身满是问题，看孩子也觉得到处都是问题，几乎看不到有什么资源；越是面对这种情况，越是急于改变孩子。但吊诡之处就在此，此时父母自身就处在黑色问题区，"我的事"都没做好，就像是在自己的车道上遇到红灯，不停车而是压实线变道，强行挤入孩子的车道，结果造成拥堵，反而陷入越努力越不济的悖论困境。

绿灯行，红灯停。如果父母觉察到自己当下的状态是"红灯状态"，恰当的做法不是去支持孩子、改变孩子，而是停下来将自己的状态调整到"绿灯状态"，再去支持孩子自主改变。

"黄灯状态"介于二者之间。父母的"黄灯状态"是指，在"人"的层面，父母自身有一定的着急、忧虑情绪，但尚可掌控，对孩子有些信心，但不足；在"事"的层面，父母想卷入来改变孩子。此时的父母能看到自身和孩子的一些资源，但这些资源还不足以解决问题。

黄灯亮了再等一等。在"黄灯状态"下，父母常常也会忽略自身状态，想要去改变孩子。但真正有效的策略其实是慢下来，等一等，先回归自身，自我教练，将自己调整到"绿灯状态"，然后去支持、教育孩子。

父母无须完美。父母都会有状态欠佳的时候，都会有处于"红灯状态"或"黄灯状态"的时候，不必苛责自己。而觉察至关重要，如果对自己的状态能及时觉察，父母就可以采用不同的沟通策略。

其实，父母都有处于"绿灯状态"的时候，差别不在于"有"或"无"，而在于"多"或"少"。那位"气人"的妈妈的"绿灯状态"是常态，但实际上店主妈妈和食客妈妈也有"绿灯状态"，只是较少而已，是例外。在"红绿灯亲子沟通法"中，所谓自我教练，恰恰是父母寻找自己和孩子的例外成功经验，发掘内在资源，激发希望、信心、力量、效能感等，找到自己例外的"绿灯状态"，并将其复制、扩大，使"绿灯状态"从例外变为常态。

"红绿灯，黑白走"不仅直观、具象，同时有书写和粘贴的功能。我们的思维很快，习惯性的聚焦问题的思维更快，如光如电，快得让我们抓不住。父母处在"红灯状态"或"黄灯状态"时，是焦虑的、着急的，想要赶紧把问题解决，但越是这样越会忙中出错。想要有效解决问题，恰恰要慢下来，停一下，等一等。书写是慢的，让我们沉思，让我们体会，给我们时间和空间，让新的觉察、思考、感受露出头角。你可以在思考或沟通的同时，用便笺写下关键词——特别是有关资源的新发现，贴在相应的（你的或孩子的）资源区。

"红绿灯亲子沟通法"父母课堂上的父母可以作证，当一张张资源便笺（写下有关资源关键词的便笺）清晰地出现在眼前时，父母和孩子的感受都变得不一样了，沟通也变得不同了。

沟通工具"红绿灯，黑白走"的使用和获取

"红绿灯，黑白走"是为初学教练式沟通的父母准备的。

它是一个工具，一个脚手架，不是必须存在和一直存在的。脚手架的作用是为建设高楼的建设者们提供一个支撑，高楼建好之日，就是脚手架拆除之时。当你成为熟练的教练型父母的时候，就可以弃之不用了。在学习、练习和实践的前期，它会因具象、直观而很好地帮到你。

请在家里的某个地方设置一个面积不大的沟通区，把"红绿灯，黑白走"挂图粘贴在墙面上。沟通区无须太大，3~5 平方米

即可，最好设在客厅，也可以设在阳台（如果大小合适的话）；不建议设在父母的卧室，也不建议设在孩子的卧室，因为在一个相对开放的区域中沟通，更有利于营造放松、亲和的沟通氛围。

当你想要解决孩子成长中的某个问题，或者想要改进自己教育方式中的某项不足，进而培养孩子的自主学习力，不论涉及什么话题、议题，你都可以独自或和孩子一起来到沟通区，使用这个沟通工具，根据简单的3步流程，来思考、沟通、讨论，设定目标和计划，记录行动过程，复盘行动结果，引导孩子开启自主学习之旅。

请记得带上笔和便笺，以便随时记录。

要想获取这个沟通工具，你可以扫描本书封面的二维码，免费获取授权并领取电子版，再将其打印出来，即可使用。

练一练

觉察亲子互动状态练习单

请带上笔和便笺，来到你们的沟通区，用舒服的方式坐在沟通工具"红绿灯，黑白走"挂图前，就你关注的孩子的某个问题（如拖拉磨蹭），开始自我觉察练习。

（1）请说出孩子在这个问题上的表现（情绪、想法、行为），将关键词写在便笺上，逐张贴在"你的事"的区域，觉得是问题的贴在问题区，觉得是资源的贴在资源区。

（2）请说出在这个问题上你的表现（情绪、想法、行为），将关键词写在便笺上，逐张贴在"我的事"的区域，觉得是问题的贴在问题区，觉得是资源的贴在资源区。

（3）请逐一核对问题标签并自问：

这是谁的事？（厘清责任边界。）

实际是谁在负责？（觉察抽离度。）

继续这样的话，有利于还是不利于培养孩子的自主学习力？

或：继续这样的话，有利于解决问题还是会使问题变得更严重？（思考行动结果。）

（4）请选择你现在的决定：①继续采用旧有的亲子互动模式；②慢下来，等一等，先从"你的事"中抽离出来，自我支持、自我负责，做好"我的事"，再去支持孩子自我负责、自主学习。

（5）如果此时有"不管不行"的念头，请用下面的教练问句继续自问：

假如我抽离出＿＿＿＿＿＿＿（一天／一周／一个月）的时间，暂时不卷入孩子的事，最坏的结果会是什么？

对于这个可能的最坏的结果，我能承受吗？

第 **2** 章

你不知道，每个孩子都是解决自己问题的专家

2.1 如果父母足够好奇，孩子就能自主解决问题

张老师是我的一位同事，有一天向我求助。

她有个 3 岁多的女儿，上幼儿园小班，已经过了刚入园的分离焦虑期，本来入园时已经不会再哭，但近来每天早上起床时却哭闹不止。她和她先生想了各种办法试图抚慰女儿，如晚上早睡、买零食、买玩具、买漂亮衣服、讲道理、告诉她幼儿园有多好玩等，但都不起作用。【孩子处在"你的事"的问题区，"红灯状态"】

女儿每天早上长时间哭闹，日积月累，夫妻俩受不了了，情绪崩溃时忍不住大声呵斥女儿，把女儿视为掌上明珠的爸爸还差点儿动手。【父母陷入"我的事"的问题区，"黄灯状态"或"红灯状态"】

张老师向我讲述了这些情况，请我支招，说她不知道该怎么办了。我说："她 3 岁多，我几十岁。我又不是她。"

张老师："所以呢？"

我："所以，我也不知道。"

我很快就将这件事忘到了脑后，直到几个月后又一次进行内部培训时，我正在讲，张老师突然打断我，说："那件事我

忘了说了。"

我说："什么事？"

张老师："就是晨晨早上起床时哭闹的事，解决了。这几个月她再也没因为这个哭过。"

我："哦？怎么做到的？"

张老师："那次，我不是问你该怎么办吗？你说不知道。当时我还挺生气的，心说你怎么这样？天天帮别的家长，对自己同事的事倒不管。第二天早上，晨晨又哭。我蹲下来，看着她说：'宝贝儿，你每天早上起床哭，一定很不舒服。我和爸爸想了各种办法帮你，都不行，我也不知道该怎么办了。你能跟妈妈说说，我怎么才能帮到你吗？'**【妈妈自我调整到"绿灯状态"，询问孩子想要的，引领孩子走向资源区】**晨晨哭着说：'我也不想哭，可我忍不住。我想让你抱着我。我要是还哭，你就多抱我一会儿。'我说'好吧'。然后我就抱着她，她哭了一会儿就好了。第二天，她还哭，我就又抱着她，慢慢地她就不哭了。第三天，她又哭，我还抱，她哭的时间更短了。第四天，她没哭。这之后她再也没哭过。你刚才讲'不知道'（Not-knowing），我又想起了这件事。"

从孩子呱呱坠地的第一天起，父母似乎就承担起一个伟大的责任：为孩子遮风挡雨，为孩子解决一切问题，恨不得出手替孩子搞定所有的事。在孩子面前，父母好像要扮演一个全知全能的神，而不是一个力有不逮的普通人。

但这却是个不可能完成的任务。**没有人可以解决另一个人的一切问题，即便父母之于孩子也是如此。**父母会因此辛苦无比，在做不到的时候责怪自己，也会因为"我用尽了所有办法，你怎么还不改？"的沮丧无力而迁怒孩子。

解决孩子的一切问题，既是不可能完成的任务，也不该是父母的职责。激发孩子自己解决问题的潜在能力，使之变成实际能力，才是父母的责任——这会让父母的养育之路变得轻松起来，在使孩子成为高效能的孩子的同时，使父母也成为高效能的父母。

想要做到这一点，父母需要做的是教练孩子，而不是亲自下场替孩子打球。如果一位篮球教练总是亲自下场替代球员打球，我相信不会有人觉得他是一名好教练，不会有人认为他对球员的自身成长有帮助。

在父母想替孩子解决问题而陷入困境时，他们其实忽略了一个事实：孩子具有解决自己问题的足够的资源。

有趣之处就在于此。想要成功地教练孩子自主解决问题，父母需要做的恰恰就是"不知道"：对于孩子的事，不知道，但想知道，很好奇，相信孩子一定有办法。当父母放下承担解决孩子问题的责任，而好奇孩子可能有什么办法时，孩子自主解决问题的潜能也就被激发出来，成为一个自主解决问题的孩子。

这便是"红绿灯亲子沟通法"所秉持的焦点解决的基本理念："不知道"。

30 岁的张老师和她先生以为自己知道如何解决孩子的问题，想尽并实施了一切办法，最终陷入困境。

实际上，她陷入的就是"自动自发"的困境：引发孩子哭闹的情绪只能自己消散，而无法靠外力消除。她和她先生所有的外部努力都会让孩子产生"我不该哭""哭是不好的""哭不是乖孩子"的想法，而这些想法让她的情绪更糟糕，即便她被糖果吸引或畏惧父母责骂而暂时转移了注意力，也无法根本解决自身的情绪问题。随着父母因为"解决不了问题"而累积的沮丧越来越多，孩子承受的压力也越来越大，哭闹也就无法停下来。越努力，越不济，越用力，问题越固着。

用"红绿灯，黑白走"的比喻来说，张老师起先处在"黄灯状态"，看到孩子遇到了问题，有点不安，而卷入进去，想要出手推动孩子解决问题。她想尽办法都没有取得效果，于是越来越沮丧，到了"红灯状态"，开始呵斥孩子。

张老师求助于我，我知道她受过多次培训，是一位优秀的老师，在学生面前经常保持"不知道"的"绿灯状态"，成功地帮助学生自主解决问题；而面对自己女儿的问题时，她却不自觉地扮演起妈妈的伟大角色，当局者迷，把解决孩子问题的责任揽到了自己身上，所以我对她说"不知道"，其实是唤醒了她的"绿灯状态"——淡定从容，相信孩子具有解决自己问题的足够潜能。于是她秉持"不知道"的态度，好奇地询问孩子有什么解决办法。

于是，有趣的事发生了：当她"不知道"的时候，孩子也就知道了。孩子自己想的办法解决了父母解决不了的问题。

张老师使用了 3 步流程中的一步，就启发孩子自主想出了解决问题的办法。这一步就是"红绿灯亲子沟通法"中的第一步"建构目标"——询问孩子想要的。

有时候，父母教练孩子可能需要完成该流程中的两步。

我的大女儿读三年级时，有一次我接她放学。

那天，她不是平常的开心模样，很难过，要哭出来的样子。我问她怎么了，她不说话，只是强忍着不让眼泪流下来。我再问她，她还是不回答。我对她说："如果你需要爸爸帮助，等你愿意说的时候随时跟我说。要是不想说，也没关系。"

我开着车，一路无话，直到经过一个空旷的广场时，女儿说："爸爸，你停下车呗。"

然后女儿跟我讲了事情的经过，原来她因为抄作业被老师狠狠地批评了。

她是班长，3 名"同案犯"也都是班干部。她说，那几位同学在核对作业时，有相互抄作业的行为；她中途参与，"只抄了一道题"。

这件事被其他同学报告给了班主任。这 4 个人是班主任老师眼中的好学生，是她的班干部，竟然做出这种事，可以想象她有多愤怒。她大发雷霆，狠狠地批评了他们。

女儿说自己感到很羞耻，"想要找个地缝钻进去"。她也有抱怨老师过于严厉的意思，觉得自己中途加入，是"从犯"，"只抄了一道题"，第一个主动承认错误，不该被那么严厉地对待。

在讲述的过程中，女儿哭得厉害，讲得断断续续。我握着她的手，听她慢慢说。她说完后看着我，看来是等我给她出主意——她知道不会在我这儿受到责罚。【孩子处在"你的事"的问题区，"红灯状态"】

但我并不想承担解决问题的责任（不责罚她也是因为我不想承担解决问题的责任），我想做的是培养她的自主学习力，帮助她未来独立过好人生，我知道自己没有能力为她做好一切。于是我对她说："谢谢你愿意跟爸爸讲，你希望爸爸怎么帮你？"【父母在"绿灯状态"，询问孩子想要的，引领孩子走向资源区】

女儿："我也不知道。"

我："被老师严厉批评，让你感到很羞耻，想要找个地缝钻进去。那一定很不好受，那是你不想要的。能跟爸爸说说，你想要的是什么吗？"【进一步建构目标】

女儿："想要老师不批评我，想要老师喜欢我。"

我："羞耻是你不想要的，你想要的是什么呢？"

女儿："快乐……尊严。"

我："除了这一次，好像老师一直很喜欢你。你上学以

来大部分时间也是快乐的、有尊严的，对吗？"【寻找问题的例外】

女儿："嗯。"

我："老师一直喜欢你，你自己平时也是快乐的、有尊严的。这是怎么做到的？"【发掘例外成功经验，制定策略】

女儿："我只有这一次抄了作业，以前都是自己认真写……我认真听课……"

我："接下来，你会怎么做，让老师一直喜欢你，让自己在学校像以前一样快乐、有尊严呢？"

女儿："爸爸，我知道了。"

我和女儿的对话中包括"红绿灯亲子沟通法"中的两步：第一步"建构目标"和第三步"制定策略"。

有时候父母需要完成完整的3步，才能教练孩子自主解决问题。

2.2　倒数第一名的"差生"的逆袭

　　小振（化名）在一所寄宿中学读高一，因为不好好学习，偷玩手机，被勒令停课反省一周。

　　小振爸爸带着他来到我的工作室，说完情况后，说自己有事要办，请我替他"教育"孩子，就离开了。

　　没有几个青少年愿意"被教育"，小振也不例外。从前面的文字，大家也已经看出来了，我并不想承担起"教育"孩子的职责，这次也是。

　　小振不言不语地坐着，东张西望，完全没有想和我交谈的意思。

　　我给他倒了杯水，说："在我这儿，孩子一般都像你这样，是父母带过来的，一般都是父母希望解决一些问题。刚开始，孩子通常都觉得跟我没有什么好谈的，但不久后，也往往会跟我谈点儿什么。你爸爸把你单独留在这儿，让我有些意外。对我们的对话，他显然有他的期待。但如果对话是在我们两个人之间展开的，我的工作就是帮助你获得你想要的，而不是你爸爸想要的。当然，前提是你愿意开口说话，并告诉我你希望这次对话能帮到你什么。"【建构属于"你的事"的对话

目标】

小振低头想了一会儿，说："还是说学习吧。"

小振说，在最近一次考试中，他的成绩排倒数第一，然后又不说话了。

我说："有这样的排名，你的学校生活一定过得很不容易，相比其他同学，你一定承受着更多的压力。"

小振的眼圈红了，有些讶异地看了看我。

我继续说："即使这么不容易，你还是想谈学习的事，你一定有重要的理由，愿意说说吗？"

小振说："我爸不就是想说这事吗？"

我说："现在是我们俩在对话，我在为你服务，而不是为你爸爸服务。你希望在哪方面有收获就聊哪方面的话题。"

小振："还是说学习吧。"

我："你选择谈学习这个话题，一定是觉得它对你很重要。"

小振："我总不能一直这么下去吧，总不能一直气我爸妈吧。"

我："你希望有所改变，这让我看到一个年轻人即便遇到困难仍然想奋发向上的劲头，让我挺感慨的。那么，什么样的改变是你想要的呢？"

小振："考上大学呗，要是能考 400 分，也能上个二本院校吧。"

我："你希望两年后的高考能考 400 分，考上二本院校。那么，今天对话结束的时候，什么样的收获会让你觉得这次对话对你两年后的高考是有帮助的？"

小振："我是个自卑的人。"

我："你是说你的自信程度有待提高，是这样吗？"

小振点头，然后说到父母经常对他很不满，常说他什么都不行，他也提到小时候被关进小黑屋的可怕经历，还说到老师和同学看他的眼神里充满鄙视，等等。

我陪着他，让他把那些痛苦的记忆说出来，然后问他："这样的经历一定让你很辛苦。自卑是你不想要的，你想要的是什么？"

小振说："自信。"

我说："关于自信，你希望这次对话结束时有什么样的收获？"

小振："找到自信起来的方法吧。"**【建构出具体情绪的目标】**

以上是"红绿灯亲子沟通法"3 步流程中的第一步：建构目标。

我们要想帮助孩子自主解决问题，培养孩子的自主学习力，首先要做的是邀请孩子建构他想要达成的目标。这涉及两个方面。一方面，问题是不想要的，目标是想要的。不想要的是问题，想要的则是资源。作为资源的目标，引领方向，让人有方向、有希望，带领人走出问题的泥淖。另一方面，目标应是孩子自己设定的，而不是父母、老师单方面为他设定的。

邀请孩子建构属于自己的目标时，我的态度是"不知道"。我并不假定我知道孩子应该要什么；我只相信每个孩子在被信任、被支持的情况下，都知道自己想要什么。当然，他们可能会因为这样那样的原因，忘了自己想要什么而暂时迷茫，盲目地投入可能影响自己前程的活动中去，但这只能说明他们需要被教练，而不说明他们不想要美好的人生。在他们自己反思之后，想要的美好目标会慢慢地、清晰地浮现出来。

孩子想要达成的目标，自己可能会暂时不知道，但经过教练后便会知道；但在未经询问的情况下，父母和其他人却永远不会真正知道——每个人只能知道自己想要的，而无法真正知道别人想要的。

当人们陷入问题的泥淖时，往往会纠结于不想要的东西——小振纠结于自己的不自信、学习成绩差等，父母和老师纠结于他不好好学习的各种问题行为，因此内耗或发生冲突，导致问题越来越严重。

从问题中抬起头来，思考在问题背后自己想要的是什么，就是开始建构目标的过程；而有了目标，人才有可能从问题的泥淖中拔出脚来。

说到目标，父母热衷于为孩子设定一个目标。他们的动机当然是为孩子好。但那是父母的目标，而不是孩子的。每个孩子都想自主决定人生，而不是被别人（哪怕是父母）决定。即便是完全一样的目标（如考上好大学），由不同的人说出来也有着完全不同的意义。目标是父母说出来的，孩子被动接受，其后的学习行为很难是自主的，孩子难免会有"打工者"心态，会觉得成了父母的"傀儡"；如果孩子有反骨（多数孩子都有），孩子会宁愿不要——虽然这确实是为自己好。父母在实现培养孩子自主学习力的教育目标的过程中就会陷入悖论困境：越想让孩子要，孩子越不要。而如果目标是孩子经过反思自己说出来的，其后的学习行为才会是自主的，孩子也才会更有动力，因为这是孩子自己想要的。

小振来到我的工作室，是被动和不情愿的，迫于压力才来。他爸爸介绍情况时，说他们想尽了所有办法，许诺奖励、实施惩罚、讲道理等。这些教育行为的前提，都是父母以为自己知道孩子应该有什么目标、应该做什么行为、应该怎样当一名学生、应该怎样过好人生，认为父母给出目标和解决问题的方案，孩子听话照做就好。

小振爸爸希望我"教育"孩子，把我当成教育专家，但我知道我不是。在许诺奖励、实施惩罚和讲道理之外，我并不拥有比小振爸爸更多的教育技巧。那些技巧都是他已经用过而无效的，我没有办法给小振更多的奖励、更多的惩罚、讲出更大的道理。

我明白自己的限制性，明白自己力有不逮。再者说了，我也不想承担起这孩子的人生，不想承担解决问题的责任，所以宁愿谦卑一点、好奇一点，去询问小振想要的是什么。

我和小振一共进行了 4 次教练对话。第一次的开头如上，谈的是如何提升自信，即这次的对话目标是提升自信。第二次谈的是怎样处理好与父母的关系。第三、第四次分别谈的是如何提升学习效率和改善学习策略。当然，每次对话中，谈什么、想要什么收获（对话目标）都是小振自己提出的，而不是我提出的，也不是他爸爸提出的，但实际上却和父母想要的一模一样。

通过前两次对话，小振觉得在自信以及与父母的关系方面有了进步，而且按照既定的策略，会继续有所进步。在第三次对话开始时，我照例问他："这次对话结束时，你希望有什么收获？"**【建构属于"你的事"的对话目标】**

小振说："这次正儿八经地谈谈学习吧。"

我说："我理解一下，前两次对话的内容跟学习相关，但不是直接相关，而这次你想直接谈学习。是这样吗？"

小振："是的，老师。教我一些学习策略，把成绩提上去。我成绩这么差，要想提高成绩，学习效率必须提升。人家一节课学一个知识点，我一节课得学一个半知识点，不然永远赶不上。"

我："如果用一句话来表达，你会怎么描述这次的对话目标？"

小振："找到提升学习效率的方法。"**【建构出具体清晰的目标】**

我："这几次的对话过程中，我有个深刻的印象，就是你说话很有逻辑性，而且干净简洁。这一点，有人告诉过你吗？"

小振："有几个同学说我挺能说的。"

我："嗯，这是一个难得的优点。我们回到正题上。说说提升学习效率的事。"

小振："我很笨，从小就不聪明。我妈说我姐聪明，教什么都是一教就会，教我就得教好几遍。我从小学习成绩就没好过……老师说我不算调皮，但我可能真的不是学习的料。"

我："关于学习，有很多种说法。"

小振："老师，有天赋这回事吗？"

我："这个我不知道。关于天赋也有很多种说法。你是怎么看的？你是怎么理解天赋这个词的？"

小振："有天赋就是特别聪明，一学就会，应该是指比聪明更厉害。比方说我姐，我妈说她聪明，但我觉得应该也不算有天赋，她起先学习成绩好，后来也不咋样。"

我："你说有天赋就是特别聪明。你用了'特别'这个词，既然是特别，好像就是少数人才有。那大多数人怎么办？像咱们这种人，在学习时，还有什么东西能帮助咱们？"

小振："勤吧……勤能补拙嘛。"

我："我不知道你算不算拙，至少在这几次谈话中，我没有这样的感觉。刚才你说了妈妈、老师对你的一些评价，但我看到他们都还在期待你有更好的成绩。假如他们真的觉得你笨，觉得现在的成绩就是你学习能力的上限了，那么，你觉得他们还会对你有期待吗？"

小振："那就不会了。"

我："此刻，你新的想法是什么？"

小振："他们觉得我有上升的空间。"

我："你呢，你自己是怎么看的？第一次见面时，你说想要考上二本院校，今天说想要提升学习效率，这背后重要的理由是什么？"

小振："我也觉得我有上升的空间。"

我："我们今天的对话目标很清楚了，就是提升学习效率。我们来假设一下好不好？纯粹假设，先不管怎么做到……"【创设未来：创设问题消失、目标达成的成功画面，激发希望、信心和力量】

小振："前两次对话也纯粹假设过。"

我："哈哈哈，你有很强的观察力。我们教练的套路都要被你识破了。"

小振："也没有。"

我："我们纯粹假设一下，这需要想象力，前两次的对话表明你的想象力很好。假设……发生了某个神秘事件，或许是太上老君念了咒语，或许是之前你许下的一个心愿成真了，我们也不知道怎么回事，反正，你今天设定的目标达成了，你的学习效率如你所愿地变高了。那时候的你，会有什么不同？"

小振："那太爽了！我会浑身都是劲儿。"

我："多说一点。"

小振："我会变得更自信，更有力量，不再总是害怕学不会。"

我："你感觉到什么，就知道自己更自信、更有力量了？"

小振："嗯……没有了那种闷的感觉。就是……我现在走进教室，有时候心里头好像压着个东西，胸口发闷……我说不太清，就是心往下坠……你能明白吗？你不会明白的。"

我："我想我可能明白一点儿。有时候，我也会有这种感觉，我也听过其他的大人和孩子描述过类似的感觉，蛮辛苦的感觉。"

小振："哦。"

我："假如，纯粹假设哈，假设你的学习效率提升到你想要的那种程度，浑身是劲儿的感受会怎样代替之前的感觉？"

小振："可能……我的气是往上走的，就是那种……呼吸很顺畅，你知道吗，就是那种胸部很开阔的感觉。"

我："你一定有过这种感觉，所以才把它描述得这么具体。"

小振："有过。有一次我无聊，去铁轨旁的公园散步，顺着铁路方向走了一段，看着铁轨一直往前伸，一直伸，一直伸，一直伸到我看不见的地方，还在往前伸……亮晶晶的……"

我："那是一种充满希望的感觉吗？"

小振："是的，充满希望。"

我："当你的学习效率提升了，你走进教室的时候也会有希望感一直一直往前伸的感觉。是这样吗？"

小振："嗯。"

我："还有呢？还会有什么不同？"

小振："听课的时候全神贯注，老师讲的我都能听得懂、记得住。"

我："那确实会很爽。还有呢？"

小振："做作业时遇到的难题很少，基本上都能搞定。复杂的题，我得好好想想，多读几遍题，多想几种解法，也能做对一些。"

我："还有呢？当你学习效率很高的时候，还会有什么不同？"

小振："我可能很少走神。我现在容易走神，那时候就不会了，听课、做题、复习都很专心。"

我："专心起来，效率就会高。还有呢？"

小振："还有……我可能学习时感到很自信，觉得自己并不笨，脑子也挺灵光的。"

我："谁会第一个发现你不一样了？谁会感到惊讶？他会对你说些什么？"

小振："我同桌吧……他会说你小子是不是'疯了'？"

我："哈哈哈，你同桌觉得你'疯了'。他看到什么了，以为你'疯了'？"

小振："看到我不是一翻书就打哈欠，而是埋头苦学。他想跟我搞点小动作，我都没注意，只顾专心听讲了。"

我："还有呢？"

小振："还有……下课也不见我疯玩了，我可能去补课堂笔记了。晚自习时，我也在低头刷题。"

我："还有呢？"

小振："就这么多……放学回到宿舍，我也不偷玩手机了。"

我："他会看到你做些什么？"

小振："聊会儿天就睡觉了。"

我："谁还会感到惊讶？"

小振："老师，他会觉得我听课认真了。"

我："老师看到你的什么表现就知道你听课认真了？"

小振："看到我的眼神一直跟着他……该记笔记的时候赶紧记笔记。我，我可能还不敢举手回答问题。"他有些难为情地笑了笑。

我："老师注意到你的眼神一直跟着他，该记笔记的时候记笔记。他还会看到什么？"

小振："看到我作业也写得认真了，错题少了。"

我："我们总结一下，当你目标达成、学习效率提高的时候，你会有以下不同：浑身有劲儿，希望感一直往前伸，到看不见的地方还在往前伸；听课很专注，做作业、复习都很专注，作业正确率高，遇到难题会多读题、多想解题思路；同桌以为你'疯了'，看到你埋头苦学，整理课堂笔记，回到宿舍按时休息；老师会看到你上课时眼神一直跟着他，及时做笔记。还有什么要补充的吗？"

小振："就这些吧。"

以上包括"红绿灯亲子沟通法"3步流程的前两步，即第一步"建构目标"和第二步"创设未来"。

目标很重要，孩子建构属于自己的目标很重要。唯有如此，他才明白要往哪里去，才有前进的方向。而在通往目标的过程中，希望、信心和力量则必不可少。任何一个人——更别说孩子——都很难在沮丧、无力、"心往下坠"的状态下坚持完成一个又一个目标。相反，希望、信心和力量则会使人一往无前。

在孩子有了目标之后，协助孩子想象、描绘出目标达成后的未来画面，将会极大地唤醒他的内在力量，而且可以从中发掘出一些解决问题、达成目标的策略和方法。

赋能、激励、唤醒孩子的内在力量，使之在内在动力的驱动下达成自己的目标，是教育者的责任。每个孩子都是不同的，每个孩子在不同的时候也会有不同的状态。我们无法假设自己有超能力，能在任何时候都找到给予孩子力量的办法。这也是一个无法完成的任务。而最能激发孩子力量的，是孩子自己想要的未来的成功画面，那个画面到底是什么样的，具体有什么细节，除了孩子自己没有第二个人知道。

教练与教练型的父母需要做的，是邀请、教练孩子尽可能详尽地想象、描绘出他目标达成后的成功画面。这个画面也许与父母为之画的很相像，但如果是父母画的，他可能会觉得父母是在"画大饼"——好看却无法充饥，而他自己画的则会为他注入力量。

我："你目标达成后的画面很清晰了。那么，在你过去的学习经历中，有哪些时候有过这样的情景，或者接近这样的情景？即便只有那么一点接近也可以。什么时候有过？"**【寻找问题的例外，发现有效的学习策略，以制定新的策略】**

小振："……初三。初三有过一段时间，跟这个情景有点像。"

我："说说那一段时间的情况，发生了什么？"

小振："当时，我们新换了个班主任。他蛮喜欢我的。他是个男老师，对男生很凶，男生都怕他，可他对我挺好，没凶过我。其实，我那会儿学习成绩也不好。可是，不知怎么的，他就是没凶过我。可能我那时不像其他男生那么调皮，我不跟老师对着干。他讲课的时候会在教室里来回走，有好几次把手放在我的肩膀上。"

我："我看到你眼圈红了。一个很凶的老师，对你却很好。这对你一定很重要。"

小振："要是每个老师都像他那样就好了。"

我："这个老师在那段时间给了你很大帮助？"

小振："他也没怎么表扬过我，我俩也没说过几句话。可是，想起来还是觉得他对我很好。"

我："老师对你很好的感觉，对你的学习效率提升有帮助。你呢？你做了什么让你的学习效率提升了？"【发掘属于"你的事"的有效应对策略】

小振："听课认真，走神少了，写作业也认真……想去教室了，就是……我那时候也住校，早上起床，就想往教室跑。就是那种感觉。"

我："跟看到亮晶晶的一直往前伸的铁轨有点儿像？"

小振："对对对。就是那种……想顺着一直走下去的那种感觉。"

我："还有呢？"

小振："还有……冥想。"

我："冥想？具体说说。"

小振："就是，我晚上躺下后会冥想。"

我："具体是怎么做的？"

小振："躺在床上，调整呼吸，慢慢地，什么都不想，让自己平静下来，然后回忆一天中老师讲的内容，数学讲了什么，英语讲了什么，把能回忆起来的尽可能回忆一遍。"

我："这个方法挺有趣的，再多说一点。"

小振："有些能想起来，有些想不起来；有些忘了老师的原话，就用自己的话想一遍。差不多就这样。"

我："我蛮好奇的，你是从哪里知道'冥想'这个词的？"

小振："我一个同学，有一次拿了一本玄幻小说，我看了，里面有冥想。我就按这个做了。"

我："也就是说，你在初三时有一段时间学习效率挺高，你的方法有认真听讲、认真写作业，还有冥想。这些是你曾经做过的，而且是行之有效的。如果你把这些重新做起来，你觉得会帮你达成提升学习效率的目标吗？"

小振："会的。"

我："你会重新做起来？"

小振："会的，我回去列一个计划，做起来。"

我："这是一个给自己的承诺吗？"**【形成承诺，鼓励行动，引发改变】**

小振："是一个承诺。我一定会做的。"

我："当你这么做了，你现在的老师对你会变得不一样吗？"

小振："应该会。"

我："会像初三的新班主任，或许方式不同，但也会对你更好一些吗？"

小振："老师总会喜欢上进的学生的，我想应该会的。"

我："这也会帮助你提升学习效率，就像初三的时候一样？"

小振："会的。"

以上是"红绿灯亲子沟通法"3步流程的第三步：制定策略。

两个多月后，我接到小振的电话。他告诉我，在期末考试中，他的班级成绩排名从倒数第一（第七十九名）提升到了第三十二名。

在这次教练对话的开头，小振想让我教他一些学习策略来提高学习效率。作为教育者，我自然知道一些学习策略，可是我不知道什么样的学习方法适合小振。我不相信有一套学习策略能在任何时间、任何地点适合任何一名学生。相反，根据自主学习的定义，一名学生要主动选择和运用学习策略，调整学习行为，也就是说他需要探索出适合自己的学习策略，而且随时自我调整——有效多用，无效调整。这是一个动态的调整过程，除了这名学生自己，没有其他任何人能给出一套静态的策略让他搞定学习。

教练与教练型的父母真正能帮到孩子的，不是告诉他应该用什么"科学的"方法学习，而是教练、启发、引导他思考适合他自己的学习策略，激发他自己解决问题的智慧，帮助他成为自主学习者。

这些智慧隐藏在孩子的例外之中。

第一步"建构目标"和第二步"创设未来"，相当于把孩子从"红灯状态"或"黄灯状态"往"绿灯状态"引导。遵循的方向是孩子自己想要的目标，以及目标达成后的成功画面，是指向未来的。最后一步"制定策略"则是寻找例外，寻找的是孩子过去经历中的例外"绿灯状态"，并从中发掘孩子有效的学习策略。

焦点解决短期治疗心理咨询流派的心理学家和教练认为，问题不会一直存在，不会每时每刻都存在；相反，凡事皆有例外，例外就是问题解决之道。问题不存在、问题较轻的时候，就是例外。

这样的例外经历、例外的"绿灯状态"时刻，就蕴藏着孩子的内在资源和解决问题的独特方法。这些方法是孩子在自我探索、自我调整的过程中形成并被实践证明行之有效的，也就特别适合孩子自己。把它寻找出来，自觉地加以复制，使其从例外变成常态，孩子就走向了自我调整学习策略的自主学习之路。

小振通过反思找出他例外"绿灯状态"中的有效学习策略，并起了个名字——"冥想"，实际上这跟学习科学家们讲的"自我生成学习法"很像，即在事后回忆并用自己的话表述学到的知识。如果我不是本着"不知道"的态度去探询小振的有效策略，而是直接教他"自我生成学习法"，小振大概率会质疑自己能不能学得会；即使学得会，能不能用好这个方法也是个问题。而这个被他命名为"冥想"的办法，是他自发摸索出来的，真正是他"自我生成"的，所以他用起来才那么得心应手，成绩也因此快速提升。

2.3　培养孩子的自主学习力，有这 3 步就够了

　　有位年轻人，对计算机特别感兴趣，在大学一年级时用 1000
美元创办了企业。凭借超常的能力，他创造了"IT 界的神话"，
并在 2001 年带领公司成为世界第一的个人计算机制造企业，他
自己也成了坐拥数百亿美元资产的富豪。

　　这个人就是戴尔公司的创始人兼总裁迈克尔·戴尔。

　　但迈克尔·戴尔的创业之路也并非一帆风顺，戴尔公司曾
经遭遇市场份额急剧下降、股价下跌近 1/3、消费者信任度迅速
下滑、员工对领导层失去信心等挑战。为了应对这些挑战，迈克
尔·戴尔聘请著名商业教练马歇尔·史密斯作为他的个人教练。

　　马歇尔·史密斯的教练工作重点，在于帮助领导者实现行为
上的积极改变。他通过教练过程帮助迈克尔·戴尔提升领导力，
从而更好地引导戴尔公司转型和复兴。通过这些努力，戴尔公司
在迈克尔·戴尔的领导下成功转型，从一家主要的个人计算机制
造商转变为提供全面 IT 解决方案的公司。

　　GE、HP、SKT 等世界级著名企业的 CEO 也都有自己的专业
教练。

　　教练的作用就是协助被教练者明确想要的目标，激发其潜在

能力、动力和热情，支持、激励被教练者持续行动，把个人潜能发挥到最大限度，做出极致的成绩。

每个人都需要教练。那些聪明的企业家尚需教练，何况孩子。而孩子的教练的最佳人选，毋庸置疑，就是自己的父母。

教练的工作过程是通过提问，引导当事人自我反思，建构目标，创设目标达成后的成功画面以激发当事人的力量，使其发掘自己的内在资源，设定行动计划和行动策略，并在行动中复盘调整，最终激发当事人的潜能，达成目标。这与自主学习如出一辙，或者说教练的工作过程就是支持、赋能被教练者自我改变、自我负责、自主成长、自主学习的过程。

由此可见，本书所讲的自主学习，包括但不限于孩子在学校内的学科学习，也包括社会情感学习、生活技能学习，以及将来的职场胜任力的学习。本书所讲的沟通流程和沟通技巧也不仅指向孩子学科学习方面的自主学习力，而是旨在支持孩子成为终身学习者、全面学习者。

我相信，这是父母都想要学习的，这也是父母责无旁贷的责任。

每个孩子都是解决自己问题的专家。这句话听起来令人难以置信，毕竟父母会经常看到孩子把事情搞得一团糟。所以，这句话完整的表述应该是：每个孩子在被教练的情况下，都是解决自己问题的专家。

还有一句话，可能更让人感到难以置信：父母也都是解决自己家庭教育问题的专家。毕竟父母常常陷入手足无措的教育困境。所以,这句话的完整表述应该是:父母在被教练或自我教练的情况下,都是解决自己家庭教育问题的专家。

让父母学会自我教练,进而成为解决自己家庭教育问题的专家,正是本书的目的。

教练孩子自主学习的第一步:建构目标

有目标不一定有问题,有问题一定有目标。

孩子在成长过程中必然会经历挫折、困难,感到迷茫、无助,一定会犯各种各样的错误,遭遇各种各样的失败。每一个问题的背后,都有一个目标。

当孩子犯下错误、遭遇问题时,如果父母和孩子聚焦于问题、纠结于问题,就很容易陷入焦虑、内耗、指责、批评的旋涡之中;而如果父母替孩子指方向、出主意、给建议、找方法,则是将解决问题的责任揽到了自己身上,这对父母而言是无法承受之重,对孩子而言则削弱了他们自我负责、自主成长的意愿和能力。

问题是黑色的,问题是我们不想要的。解决问题之道就是首先找到目标,那是我们想要的,那是解决问题的首要资源,而且这个目标一定得是孩子自己的目标,是孩子想要的。唯有如此,孩子才会有足够的内在动力去追求、去实现;也唯有如此,父母才能从不得不对孩子"推、拉、拖、拽"的困境中脱离出来，培养出孩子的自主学习力。

支持、教练孩子自主设置目标，不能靠给，只能靠问。父母给，即使孩子要，那也是依赖，也是被动；父母问，孩子则会自我思考、自我决定，自主建构出属于自己的目标，就像在幼儿园的建构区，用各种形状的积木建构出自己想要的图景一样。

父母的教练式提问是不带预设立场的提问，带着好奇的"不知道"式的提问：这是"你的事"，我很关心、我很好奇、我不知道、我想知道，当你愿意的时候，请告诉我你想要达成的目标，请告诉我你是否需要我的帮助、需要我如何帮助。

在孩子遇到问题时，父母可以使用以下教练问句来帮助孩子反思、厘清、建构属于他自己的目标。

"你希望爸爸妈妈怎么帮你？"

"通过这次谈话，你想要的收获是什么？"

"被老师批评是你不想要的，你愿意跟妈妈说说你想要的是什么吗？"

"数学考了 70 分，我看到你很不开心；达到多少分，你就会为自己感到自豪？"

"同样的作业量，其他同学做完一般花费 2 小时，而你需要 3 小时，这让你很辛苦。提高写作业的效率，让自己变得轻松一些，是你想要的吗？"

"和好朋友闹别扭，让你很难过，你希望的结果是什么呢？"

当然，通过以上教练问句来帮助孩子建构属于自己的目标，并没有看上去那么容易。它有一个前提：父母自身处在"绿灯状态"。这意味着，父母的"我的事"的问题区里没有需要处理的问题，没有着急、焦虑、担忧等负面情绪，没有是非对错的评判，父母淡定从容，对孩子自主解决问题的意愿和能力充满信任和欣赏，不急于卷入孩子的"你的事"，不会替他做决定、给他立目标。

要想持续拥有以上状态，父母需要被教练或自我教练，需要刻意练习，而自我教练的过程本身就是对教练孩子的刻意练习。父母自我教练的流程跟教练孩子的流程是一样的，第一步也是"建构目标"，当然这个目标是父母自我支持、自我负责的目标，是做好"我的事"的目标，而不是让孩子做好"你的事"的目标。

教练孩子自主学习的第二步：创设未来

一旦有了目标，就可以创设更好的未来。

对于简单的或偶发的问题，建构出目标之后，可以直接思考解决问题的策略。对于困难的或较为长期性的问题，则需要唤醒孩子更多的希望、信心和力量，以便更好地支持、帮助孩子战胜挫折感、无力感等负面情绪带来的阻力。这时候，父母需要引导孩子提前想象问题消失、目标达成之后的成功画面。这是焦点解决中"提前假设"的沟通技巧。

其实，对于"提前假设"，每个人都不陌生。

父母常常为孩子的各种问题而忧心忡忡，忧心的不只是孩子过去和现在表现出来的问题，同时也包含着"这样下去，可还得了"的对未来的担忧。有的父母常会对孩子说"计划制订好了，你要是不好好执行，看我怎么收拾你"之类的话。这其实就是"提前假设"，但假设的是糟糕的未来画面。

一方面，这是聚焦问题的思维方式的表现；另一方面，这意在给孩子制造危机感，试图以此使孩子产生动力，努力学习。不可否认，对当下的实际状况或未来可能的结果有不满、焦虑、恐惧的感受，确实会促使人产生改变的愿望，但美好的未来画面才更能给人提供前行的动力，需要长期坚持的事情尤其如此。

在百米赛跑选手的身后放一条狂吠的大狗，为了避免被咬，每个选手都会跑出超常速度。但如果是马拉松、铁人三项这样的长程比赛，即便身后追着一只凶残的饿狼，选手也终会明白自己跑不掉或体力不支而被吞噬。

孩子的学习和成长之路比马拉松、铁人三项赛程更长，"提前假设"糟糕的未来画面，不会帮到孩子，只会吞噬孩子的希望、信心和力量。而"提前假设"问题解决、目标达成后的美好的未来画面，则会唤醒孩子的内在动力，使孩子一往无前地奔向目标。对于未来，孩子天然地满怀憧憬，很少沉湎于过去。在引导之下，他们常常能比父母更容易创设出未来的成功画面。

父母可以使用"假设问句""奇迹问句"等教练问句，来引导孩子创设未来。

假设你设立的目标达成了，那时的你会有什么不同？

谁会感到惊讶？他会怎么说？他看到你做什么就知道你变得不一样了？

假设，只是纯粹假设，假设你写作业时注意力集中了，那时候你会是什么心情？咱家的小狗看到你写作业时的什么状态就知道小主人保持专注的目标达成了？

假如你真的像你想要的那样自信，先不管怎么做到，只是想象，想象那个画面，你站在台上演讲时，会是什么状态？你的眼神是什么样的？你会做出什么手势？听众会怎么回应你？

当你成功克服背英语单词的困难，你会有什么不同？英语老师会发现你在英语课上有什么不一样的表现？

来，孩子，发挥一下想象力，你一直有很强的想象力，不是吗？"你的事"的红绿灯是一个神奇按钮，按下它，奇迹就会发生。一小时后你会像平常一样上床睡觉，像平时一样美梦香甜。在你睡着的时候，奇迹发生了。长期困扰你的数学偏科的问题消失了，你得偿所愿地学好了数学。但你睡得很沉，不知道奇迹发生了。当你第二天醒来，发现有什么不同时，你就知道奇迹已经发生了？

父母被教练或自我教练，第二步也是同样的技巧。

父母不该被指责，而应该被赋能；父母不该自我否定、自我攻击，而应该自我支持、自我关爱、自我赋能。只有父母自身有足够的力量，才能支持、赋能孩子。在自我教练的过程中，父母建构属于"我的事"的目标之后，也可以用以上的教练问句来自我教练，想象目标达成后的成功画面，以激发希望、信心和力量。

我并不想说自我教练是容易的。所以，从下一章开始，本书的重点是教会父母如何自我教练，如何更长久地处于"绿灯状态"，以有效地支持和教练孩子。

教练孩子自主学习的第三步：制定策略

第三步是制定策略，开始一小步的改变，以引发滚雪球效应或涟漪效应，最终形成大的系统性的改变。

制定解决问题的策略看起来是父母普遍头痛的问题，因为他们总是在问"孩子拖拉磨蹭怎么办？""孩子学习不主动怎么办？""孩子注意力不集中怎么办？"。

人们问任何问题时，背后都隐藏着某种假设或预设。父母遇到问题时上网搜寻答案也好，请教专家也好，背后隐藏的假设或预设是"我没有办法""我搞不定""孩子没有办法""孩子搞不定"。但在"红绿灯亲子沟通法"所遵循的焦点解决思维看来，这不是事实。

事实是每个孩子都有足够的解决自身问题的潜能，只是自己暂时不知道而已。在孩子的"你的事"上，父母没有办法不是问题，在"红绿灯亲子沟通法"中反而是资源，而且父母也无须知道，只需好奇。当父母"不知道"时，当父母对孩子的知道足够好奇时，孩子独特的解决自己问题的智慧也就被激发出来了。父母无须背负解决孩子问题的重担，这不可谓不是个好消息。

孩子自主解决问题的策略藏在哪里？

问题不会一直存在，问题不会无时无刻存在，凡事皆有例外，例外就是问题解决之道。

小振曾是一名"学渣"，学习效率不高，甚至可以说很低，可以说他多数时候处在"黄灯状态"或"红灯状态"，以至于学习之路走得颇为不畅。但即便在这样的所谓"学渣"那里，问题也不会一直存在，他也一定存在学习效率高、较高或高那么一点点的时候，也有处于"绿灯状态"的时候。

在询问之下，小振回想起初三时有一段时间学习效率较高。这就是小振的例外。在这段例外时间里，小振一定做对了很多事情，才会有较高的学习效率和较好的学习成果。这便是他的例外成功经验，这便是他自己独特的解决之道。将之复制、扩大、自觉有意识地常态化，他的问题就能得到解决。

小振是这样，其他孩子也是如此，其他孩子也一样有自己解决问题的智慧。教练型父母不需要从外面找方法、讨主意——虽然也可以看看他山之石能否攻"我家之玉"，但重点是发掘孩子解决自身问题的例外成功经验，教练孩子自行解决问题。这样做的好处，一是好用，因为这是孩子自己曾经行之有效的策略，是孩子的老技能，要比学习得来的新技能更为轻车熟路，更容易上手；二是将极大激发孩子的信心、力量和效能感，孩子内心会产生"我行""我能"的声音。如果是父母给的方法，即便好用，孩子内心的声音也是"你能"；从其他人那里学到的方法，则是"他能"，对比之下就是"我不能"。

父母可以使用以下教练问句，保持好奇，以自己的"不知道"来找到孩子的知道，来探寻孩子解决问题的例外成功经验。

有没有问题不存在、问题较轻或问题轻那么一点点的时候？

咱们一起想想，你有没有写作业效率高（对应"拖拉磨蹭"）的时候、比较高的时候，或者高一点点的时候？是怎么做到的？

上课听讲，你有没有注意力集中的时候？一节课能集中注意力多长时间？你是怎么把分散的注意力拉回来的？你是怎么提醒自己的？

我注意到有一次有小朋友推了你，你很生气，却没有动手打人，而是转身离开了。这非常不容易，你是怎么管理自己的情绪的？

数学考了 65 分，你一定做对了很多事，才能掌握这部分知识点，是怎么做到的？听课环节怎么做的？练习环节呢？怎么复习的？怎么读题、怎么计算的？把这部分成功经验用到丢分的知识点上，能把它们也逐一搞定吗？

你在学习上暂时遇到了困难，可是你篮球打得那么棒，我相信你学习打篮球的过程也不会一帆风顺，你一定也遇到过很多坎儿，比如比赛失败、得分率低，那时候你是怎么帮助自己渡过难关的？你是怎么鼓励自己的？怎么咬牙坚持、怎么触底反弹的？这些经验会怎么帮助你克服在学习上暂时遇到的困难？

还有呢？

还有呢？

还有呢？

从例外成功经验中找到策略，追求一小步的改变。

请想想，如果开的是手动挡汽车，在起步时你是怎么做的？是一挡起步，还是三挡、五挡起步？想清楚这个问题，你会更明白"欲速则不达"的道理，明白一小步改变的重要性。

一夜暴富、一朝暴瘦，是美丽而虚幻的梦，永远无法实现。"红绿灯亲子沟通法"走的是现实乐观主义的路线，既不聚焦问题导致悲观消极，也不制造幻梦，追求的是一小步改变，相信滚雪球效应和涟漪效应。

你可以用以下教练问句，引发孩子一小步的改变。

找到了这么多成功经验，接下来你一定会做出的一小步的改变是什么？

你怎么提醒自己不要忘记？

你需要爸爸妈妈怎么支持你实现一小步的改变？

再次提醒各位读者朋友，父母都是解决自己家庭教育问题的专家，如果还不是，那就是需要被教练或自我教练。

父母自我教练的第三步也是"制定策略"。父母之所以在被教练或自我教练的情况下也能成为解决自己家庭教育问题的专家，就是因为父母也都有例外的"绿灯状态"，有例外成功经验。找到它们，复制它们，使"绿灯状态"从例外到常态，把那些例外成功经验进行复制、扩展，父母就成了自己家庭教育问题的专家。

练一练

觉察目标向度练习单

请带上笔和便笺，来到你们的沟通区，用舒服的姿势坐在"红绿灯，黑白走"挂图前，你可以看到上面的资源区上有标有 1~10 的刻度尺。请用以下教练问句来自我教练。

目标清晰度

在被教练的情况下，每个孩子都能成为自主学习者，都能成为解决自己问题的专家。这是你想要达成的教育目标吗？无须背负解决孩子问题的重担，成为省心而高效能的父母，更长久地处于"绿灯状态"，是你的自我成长目标吗？

如果是，请用 1~10 评分，10 分为非常清晰，1 分为完全不清晰，你对这个目标的清晰度可以打几分？＿＿＿＿＿＿

这几分中，已经清晰的是什么？（请将关键词写在便笺上，粘贴在与"我的事"对应的资源区。请至少问 5 遍"还有呢？"，使目标画面的细节尽可能多地呈现出来。）

目标意向度

请用 1~10 评分，10 分为非常想要达成，1 分为完全不想达成，对以上目标，你有多想要达成？你给想要达成的程度打几分？

既然想要达成，你一定有重要的理由，是什么呢？（请将关键词写在便笺上，粘贴在与"我的事"对应的资源区。请至少问 5 遍"还有呢？"，以唤醒自我成长的动力。）

第 3 章

高效能父母未必是解决问题的高手，但一定是消融问题的高手

3.1 重要的不是怎么解决问题，重要的是如何消融问题

Kathryn 是一位妈妈，她有两个孩子。

刚参加"红绿灯亲子沟通法"父母课堂时，Kathryn 显得焦虑且无力。小女儿总体表现良好，但也有诸如背书困难之类的学习问题。更让她头痛的则是读初中的儿子。儿子学习不积极不主动，爱玩手机，更麻烦的是无法沟通。对儿子的学习状态，她很着急，一次次想跟他谈；但儿子很抗拒，要么紧闭房门拒绝沟通，要么谈着谈着就不欢而散。

在课堂上的互动环节，我用第 1 章的觉察亲子互动状态练习单里面的教练问句，请 Kathryn 觉察她的亲子互动状态。

在 Kathryn 描述完儿子的学习问题，并在"你的事"的问题区贴上便笺后，我请她思考"这是谁的事？"，她说这是孩子的事。

在"我的事"的问题区则有"着急""担忧""焦虑"等便笺，我也请她思考"这是谁的事？"，她说这是她的事，是她的情绪。

我接下来分别问："实际上这件事是谁在负责？"

Kathryn 意识到孩子的事是自己在负责，而自己的事则有

相当的部分也是由孩子负责的，她无意之中让孩子承担了自己的情绪压力。

这样的对话，让她觉察到她们母子的互动落入了悖论困境：妈妈没有把主要精力放在"我的事"上，而急于负责孩子的"你的事"，但越想改变孩子，孩子越抗拒改变。

我请她思考："继续这样的话，是有利于解决问题还是会让问题变得更严重？"

她意识到需要停下来，先做好"我的事"，再去支持孩子的"你的事"。

但是，如果只到这里的话，她的焦虑并不会消除，她也并不能真的从"你的事"中抽离出来，而专注于做好"我的事"。因为处在这种状态下的父母内心都会有个声音："天天管着还不行，真不管了，会发展到哪一步？"——继续旧模式，问题会更糟糕；但停下来，问题会不会变得更严重？

这就是父母进退两难的困境。

我知道她需要进一步的支持，需要更深一些的觉察。我问她："我们的课程是一个月，假如你抽离出一个月的时间，暂时不卷入孩子的事，最坏的结果会是什么？"

Kathryn 想了一会儿，说："好像也不会怎样，一个月，再坏能坏到哪里去呢？大概还是原样。"

我继续问："这个可能的最坏结果，你能承受吗？"她说"能"。

这样的反思，让 Kathryn 放下心结，从孩子的事中抽离出来，专注于自我成长。

第二个月，她又参加了复训。这期间学校组织孩子给父母写封信。Kathryn 拿到信时，并没有多大期待，以为不过是命题作文、敷衍之作而已。但读的过程中，她已经热泪盈眶。在信中，儿子明确地表达了对爸爸妈妈的爱，表达了提升学习成绩的愿望，还请爸爸妈妈跟他多说说学习的事。

Kathryn 说，原来一直担心儿子能否发现妈妈在专注于自我成长，担心自我成长能否影响到孩子，事实证明"孩子是知道的"。

这一个月的时间里，Kathryn 没有去解决孩子缺乏学习动力、拒绝沟通的问题，而是专注于做好"我的事"。一个月后，两个看似无解的问题自动消失了。

重要的不是怎么解决问题，重要的是如何消融问题。前者是指问题出现了，才去解决；后者更强调在问题出现之前，就消融掉问题出现的前提条件，让问题不再出现。

很多父母忙于解决问题，像是救火队员，他们的孩子总是问题不断，好像是来"讨债的"——店主妈妈和食客妈妈是其中的代表。另外一些父母则看起来风轻云淡，他们的孩子好像总是没有什么问题，像是来"还账的"——以那位"气人"的妈妈为代表。

实际上，没有天生来"讨债"或"还账"的孩子。那位"气人"的妈妈也并不见得是解决问题的高手，但她一定是消融问题的高手。出于某些原因（一般与自己的成长经历有关），"我的事"她做得很好，这使她在教养孩子的过程中消融了很多问题。她并没有多少解决问题的经验，又不是家庭教育专业人士，所以对前来"取经"的同事们实在提不出什么有用的建议，以至于后来同事都不去问她了。

从 Kathryn 的经历，我希望读者已经破解了那位"气人"的妈妈的"气人"奥秘：当父母做好"我的事"时，孩子的"你的事"中的很多问题就会消失于无形。

如果你认同以上结论，那么当你急着想要解决孩子的问题时，请慢下来、停一下、等一等，先专注于自我支持、自我负责，先专注于做好"我的事"。

关系即教育：闲话不闲，废话不废

在亲子沟通中，"我的事"和"你的事"包含"事"和"人"两个层面。"事"和"人"是通俗的说法，在沟通理论中，它们对应的学术称呼分别是"内容层面"和"关系层面"。

任何一次沟通都同时涉及内容和关系两个层面。这是沟通的基本原理之一。

内容层面是指沟通双方明确讨论的信息，如"注意力集中，学习才能高效""数学成绩很重要"等，偏重"事"。而关系层面则关注人在沟通中对对方的感觉，偏重"人"。

小女儿 3 岁左右时，我常带她在家对面的公园里玩。

有一次我们正好在那里碰到一位邻居，她带着外孙女也来玩。她的外孙女和我的小女儿差不多大，我们在小区带孩子玩时常碰面，孩子凑到一起玩，大人因此相互认识。

这位姥姥一看就是有文化有修养的老人，满头银发，言语温和，举止优雅，听说是一位退休教师。我们去的公园里有碑刻展示区，陈列了古代、当代书法名家的代表碑帖，也有园林风景区。这样一位有涵养的老人带着孩子，在这样一个有文化底蕴的公园里游玩，可谓相得益彰。与之同游，我很有如沐春风之感。

两个孩子当然东奔西跑，开心得很。

但我很快就发现，姥姥随时会把外孙女从自己的世界里拉出来，指着碑帖，告诉她这是王羲之写的，那是柳公权写的，这个是启功写的，那个是赵朴初写的；看到孩子对树叶兴趣盎然，就告诉她这是什么树的叶子，这种树是乔木还是灌木，是常青还是季节性落叶；遇到公园里有演艺人员弹琴，则告诉她弹的是古琴，有悠久的历史。

两个孩子很快就兴味索然，但姥姥却足够耐心、足够温和，不久后再次给孩子讲新的有价值、有营养的知识。

姥姥很重视教育，我却不禁担心她外孙女将来会不会厌学。大家点头之交而已，我又不方便唐突地教育人家如何教育孩子，于是借故带女儿去了其他地方。

中国人重视教育，中国的家庭中往往"教育浓度"很高。在与孩子的谈话中，许多家长更注重内容层面的沟通，随时随地要给孩子传输一些知识性的、价值观类的、行为规范类的有用的、有价值的、有教育意义的内容。游玩要长见识，玩具要益智，睡前要听古诗音频，挂吊瓶也不能耽误写作业……

教育无处不在，无处不在教育孩子。用心可谓良苦，出发点当然是为孩子好。但举目望去，厌学的孩子却比比皆是，更不要提那些因为学习冲突而罹患抑郁症、焦虑症，甚至发生更大悲剧的孩子。

教育孩子，我们常常会重视内容、忽略关系，重视"事"、忽略"人"。殊不知在沟通中，关系层面才是决定性的因素。姥姥执着于给孩子讲知识性的内容，却没注意到孩子的感受。3岁左右的孩子本来对世界充满好奇，他们常用"十万个为什么"把家长问得张口结舌，这正是他们渴望获取知识的表现。他们看似漫无目的地玩耍，其实也是在探索世界，在进行学习，包括社会情感学习、生活技能学习等。但我们成年人却常常将知识狭窄化为学科知识，而急于灌输，并因此忽略孩子的感受，忽略了沟通中的关系层面。而一旦孩子的感受不好，他们就会排斥对内容的吸收，厌学也就不可避免了。

我们再来对比两段母子对话，它们都发生在一所小学门口的放学时刻。

小朱妈妈接到小朱后的对话如下。

小朱："妈妈。"

妈妈："儿子。"

小朱："今天我赢了小杨。"

妈妈："赢了什么？"

小朱："石头剪刀布。"

妈妈："然后呢？"

小朱："然后我刮他的鼻子，把他的鼻子都刮红了。"

妈妈："看来今天又是开心的一天呀。"

小朱："嗯！"

小杨妈妈接到小杨后的对话如下。

小杨："妈妈。"

妈妈："儿子。"

小杨："今天我赢了小朱。"

妈妈："默写单词还是数学计算？"

小杨："什么呀？是石头剪刀布。"

妈妈："好吧。默写单词呢？"

小杨："……"

妈妈："儿子，上学是来学习的，要把心思放在学习上，不能光想着玩。"

小杨："……"

两段对话的场景相同，请思考：它们在内容层面有什么不同？对话中两个孩子对妈妈的感觉——关系层面——又有什么不同？妈妈对孩子的感觉有什么不同？妈妈自身的状态是否也有不同？

经过对比，不难看出，在关系层面，小朱跟妈妈沟通时感觉更好，他会感觉妈妈重视自己这个"人"；而小杨的感觉就要差一些，他会感觉在妈妈那里自己这个"人"不重要，"事"才重要。

在内容层面，小杨妈妈试图沟通的内容更多，小朱妈妈沟通的内容则相对较少。接下来她们会分别与孩子沟通晚上写作业的安排，这时她们沟通的内容大致相同。请猜猜哪一对母子接下来的沟通会更顺畅？在晚上写作业时，小朱和小杨谁更可能出现诸如拖拉磨蹭、注意力不集中的问题？假如这是两位妈妈和孩子日常沟通的常态，小朱和小杨谁在学习上会更有自主性？不出意外的话，小朱妈妈和小朱的沟通效果会更好，小朱在写作业过程中表现出问题的可能性也相对较小。

在沟通中，关系层面才是决定性的因素。关系大于内容，关系先于内容。如果在沟通中把内容放在第一位、关系放在第二位，常常会导致沟通不畅。

但在现实的亲子沟通中，父母却容易更注重内容的沟通，更执着于解决"事"，而忽略了"人"。这是很多沟通（包括亲子沟通）低效甚至无效的根本原因。

"酒逢知己千杯少，话不投机半句多"说的就是关系的重要性。凭借日常人际交往经验，我们也能知道，如果两个人关系好，许多事儿就不是事儿，大事能化小，小事能化了。而如果两个人关系不好，小事则可能变大事。

对于人际关系的亲密程度，有一个有趣的观察角度，那就是看他们在沟通中谈"正事"和说"废话""闲话"的比例。

例如，热恋中的情侣煲一个小时电话粥，也不会谈多少"正事"，几乎全在说"废话""闲话"。关系密切的夫妻之间的日常对话中"废话""闲话"的比例更高，而关系冷漠、问题多多的夫妻则往往只谈"正事"。大多数人跟朋友多聊八卦，跟服务员只谈价钱，有经验的销售员会先用"废话""闲话"跟客户拉近关系，再向客户推销产品。

在语言学家那里，"废话""闲话"被称为"社交性语言""有助于社会团结的语言"，它的特点是"为说话而说话"。虽然说的话也传递内容（"玩'石头剪刀布'，我赢了小杨"），但这种谈话的目的不是沟通知识，而是建立交情。

被随时随地教育的小杨自主学习的可能性更小，跟妈妈聊了更多"废话""闲话"的小朱自主学习的可能性更大。这并不是因为小朱妈妈解决问题的能力比小杨妈妈强，而在于她消融问题的能力更强，她和孩子之间有更多"废话""闲话"可说，更偏重关系层面的沟通。

"废话""闲话"等社交性语言的特点是，不但谈话要面对面，意见也要一致，双方在沟通中更注重关系的建立，而不是内容的传达。两个孩子跟妈妈说的都是在学校玩"石头剪刀布"的游戏，表达的内容相同，但两位妈妈的反应却不同。小朱妈妈和孩子对这些内容的意见是一致的，而小杨妈妈则和孩子的意见相左。于是，他们当下的亲子关系也就有了不同，小朱感觉妈妈更像朋友，而小杨则会跟妈妈有距离感。

亲子之间漫无目的、没有"教育意义"的闲聊，看似无用，却会使家庭教育之路更有效能，是让问题消失或根本不会产生的利器，像是抹去问题的橡皮或板擦。更多的"废话""闲话"，能让亲子之间的"关系浓度"升高，会阻止很多问题出现，或使其自动消融。

亲子沟通中"内容浓度""教育浓度"太高，则容易用力过度，使父母和孩子陷入越想解决问题而问题越多的悖论困境之中。

你不妨与孩子共同商定你们的"废话时间"，每天一小时、两小时，可能的话就三小时，总之多多益善。在"废话时间"里，没有"教育浓度"，不谈学习，不讲任何有"教育意义"的话语，只聊"废话""闲话"，或者只是坐在一起对着某个东西发呆（不是电子产品）。

虽然你和孩子的时间都很紧，但别告诉我你们一天凑不够一小时的"废话时间"，上学路上、放学路上、用餐之时，加起来应该已经超过 60 分钟了。如果孩子住校，周末和假期中的"废话时间"就更加珍贵了。

3.2 重新阐释：问题只有被定义成问题的时候才构成问题

我有一对双胞胎儿子，两人都有"问题"。

先说小宝，两岁左右时被家里的老人认为胆小："一个男孩儿，胆子怎么这么小！"证据也很确凿：他在阳台上正玩得开心，对面楼顶的景观照明灯突然亮起，都能把他吓得哇哇大哭；到了新环境，大宝早已经融入进去，小宝则要观望很久才去尝试。

几乎每个人都在说小宝胆小，几乎每个人都在推着他变得胆大些。

我自己从小就被认为胆小、怯懦，也因为觉得自己胆小、怯懦而更加胆小、怯懦，所以深知这个标签的厉害。我不想让儿子也背上这个标签，于是开始在家里大声嚷嚷，说小宝"谨慎"。

"诸葛一生唯谨慎，吕端大事不糊涂。"我扯大旗做虎皮。

"大公司的首席财务官都很谨慎，不谨慎有多少钱也得败光。"我画起大饼。

慢慢地，家里老人都开始指望小宝成名人、挣大钱，不再说他胆小，后来则发现他很多时候要比哥哥更像个"虎孩子"。

大宝则被认为"倔""死脑筋""一根筋"。证据也很充分：他要是认定一件事，别人甭想劝他改主意；在大人看来一模一样的玩具、餐具，他却能用某种神秘的技能区分出是自己的还是弟弟的，非自己的不用，非自己的不动，不然就哭闹抗议，别人劝是没用的。对比之下，小宝又成了"墙头草随风倒""没长性"。

我又开始在家里大声嚷嚷，说大宝"做事坚持""有耐性"，将来能成科学家，说小宝"身段灵活""适应性强"，将来能成社会活动家。反正老人都希望孙辈成名成家，我这么嚷嚷了一段时间，他们对两人的"问题"也都不大介怀了。

重新阐释是对同样的事件和行为，提供不同的观点。在家庭教育中，就是父母用资源视角看待孩子，使孩子从消极的标签中解脱出来，重新定义自己。这将让父母少一些焦虑，让孩子从无望的感觉中解脱。

"嘴是两张皮，咋说咋有理。"在某种程度上，问题不是像石头一样的客观存在，而是被思维和语言主观定义出来的。问题只有被定义成问题时才构成问题，你若从另一个角度将其定义为资源，那么它也就成了资源。

了解了这一点，你就可以运用重新阐释的技巧，让问题不发生，或消失于无形。

请记住，任何一个问题都可以重新阐释为资源，参考下表，使用"红绿灯，黑白走"工具，来重新阐释孩子的行为。

重新阐释表

问题	父母的反应	资源（重新阐释）	父母的新行为
多动	责备	精力充沛	安排合适的活动，使孩子的精力得以宣泄
易怒、脾气大	压制、训斥	自我保护	冷静地回应，耐心地倾听
懒	批评、催促	有潜能	询问对孩子而言什么是重要的
逆反	压制或讨好	有想法、有主见、不盲从	询问孩子的观点，引导其合理表达不同意见

3.3 "你一定有重要的理由": 每个问题行为的背后都有正向动机

小强(化名)是一个五年级的男生,期末考试中数学考了79分,在妈妈看来是"一塌糊涂"。更让妈妈无法容忍的是,他还把79涂改成了99。这种事不是第一次发生,期中考试时,他就已经干过这种事了。

妈妈"风的拥抱"(微信昵称)觉得事态严重:"学习不好倒也罢了,最多算个差生。可要是道德品质出问题的话,那就是坏孩子了,这孩子就完了!"

上次小强涂改分数,妈妈就非常生气,还告诉了爸爸,两人严厉批评了小强。原以为小强吃了大亏,会长记性,能痛改前非,决不再犯。没想到,不到3个月,小强就重蹈覆辙,而且被揭穿后,他一点都不害怕,梗着脖子跟妈妈吵架。【父母和孩子双双陷入问题区,处于"红灯状态"】

妈妈意识到老办法行不通了,来到了"红绿灯亲子沟通法"父母课堂,学习了一段时间才跟孩子沟通这件事。

这次,说到涂改分数时,妈妈是这么对小强说的:"儿子,你把数学成绩从79分改成99分。这么做,你一定有重要的理由,愿意跟妈妈说说吗?"【妈妈调整为"绿灯状态",

引领孩子走向资源区 】

听到这话，小强愣了一会儿，说："我怕你生气。"

尽管对"红绿灯亲子沟通法"的应用还没有那么熟练，妈妈把"怕你生气"转换成资源稍微花了一点时间，但还是写出了"希望妈妈开心""希望妈妈为自己骄傲"两张资源便笺，贴在了"你的事"的资源区，然后问小强："是这样吗？"

小强："是。"

妈妈又写了一张"想考得更好"的资源便笺："你也对这个分数不满意，想考得更好，对吗？"

小强："嗯……我也不想考差。"

妈妈："儿子，你能照顾妈妈的感受，妈妈觉得心里很暖。你想要好成绩，说明有上进心。看来咱娘儿俩的心是一样的，你愿意谈谈怎么提升数学成绩吗？"

小强："嗯！"

妈妈反馈说，儿子此时在重重地点头。

每一个问题行为的背后都有正向动机。换句话说，人们有时候会用问题行为来试图实现正向动机。

无论是孩子还是父母，问题行为都需要修正，但也不可因此而否定背后的正向动机。事实上，实现正向动机需要靠正向行为，而不是问题行为。当正向动机被看到、被讨论、被肯定，父母和孩子就在关系上变得融洽，在目标上达成了一致，就从"你""我"变成了"我们"。这时候，讨论如何用正向行为来实现正向动机就有了空间。

问题行为是问题，正向动机则是资源。聚焦于问题、纠结于问题，永远无法解决问题，只会引发矛盾和冲突。从问题中跳脱出来，找到其背后的资源，才能解决问题。

在孩子表现出问题行为时，用"你一定有重要的理由"这句话来探索问题行为背后的正向动机，就开启了与孩子的对话之门。有时候，教育者仅仅向孩子说了这句话，后面并没有深入的沟通，孩子也有可能自主地调整问题行为。

在我们的阅读写作课上，有一个男生是个"问题学生"，其他老师都不愿意带他，他只好转到了我的班。

到我这儿上的第一节课，这孩子也很不配合，连讲义都不打开，完全不听讲，眼神也躲着我。过了一会儿，他干脆用衣服上的帽子盖住头，往课桌上一趴。**【学生处于"你的事"的问题区，"黄灯状态"或"红灯状态"】**

看到这种情况，我当时也有些焦躁。**【陷入"我的事"的问题区，"黄灯状态"】**于是我调整呼吸，并向一位平时就积极发言的学生提问。这孩子昂扬、灵动的样子对我是一种滋养，使我的情绪迅速好转。

我感到"绿灯"亮了，可以行动了。于是我安排了一个小练习，让学生们思考，趁这个功夫走到"问题学生"身边，拍拍他，低声说："我不知道你遇到了什么情况，但你这么做一定有重要的理由。如果你愿意的话，下课后可以跟我说说。"

然后我继续讲课。

过了一会儿，有趣的事情发生了：他掀开帽子，看我。我对他点点头。过了一会儿，他翻开了讲义。【学生进入"绿灯状态"】

下课后，我问他要不要聊聊，他摇摇头，跟同学玩闹去了。

后来，我们也没有就这个话题沟通过。但这孩子逐渐成了发言十分积极的学生之一，而且在阅读中表现出很强的独立思辨能力。

需要说明的是，"每一个问题行为的背后都有正向动机"，这句话不一定"对"，"问题行为背后一定有负向动机"也不一定"错"。

比如，小强私自涂改分数，我们可以推测这个问题行为的背后有正向动机，如"照顾妈妈的感受""不甘于考低分，想要更好的成绩"等；当然也可以像妈妈刚开始那样推测，说他是在"弄虚作假"，是为了"掩盖错误""逃避惩罚"等。

本书不想陷入"人性本善"和"人性本恶"的无休止争论，不想陷入"对"与"错"二元对立的纷争。因为，对人的动机的揣测，可能本来就无法证实，也无法证伪。

作为父母，我们更需要思考的是："我想要的是什么？"

用负向动机揣测孩子的行为，我们得到的会是亲子冲突；而用正向动机揣测孩子的行为，我们将会达成合作，达成良性沟通。如果后者是你想要的，那么，"是"与"非"、"对"与"错"就放在一边吧，我们就认为"每一个问题行为的背后都有正向动机"这句话是对的，你说呢？

3.4 凡事皆有例外：看到不一样，才能做到不一样

Sue（微信昵称）的儿子在读小学三年级。

有一天，她接到儿子班主任打来的电话，说孩子上课一直不认真听讲，做小动作，交头接耳，影响课堂纪律，影响其他同学听课，让她配合教育孩子。【孩子处在"你的事"的问题区】

接到电话时，她挺生气的，因为两年来她已经数次接到类似的电话了。【妈妈进入"我的事"的问题区】

放下电话后，她觉察到自己处在"黄灯状态"，知道这不利于沟通，就借助"红绿灯，黑白走"调整状态。她先在"你的事"的问题区贴上老师所描述的孩子的问题，然后努力想要从中找到例外，找出资源。她回想起老师曾说儿子在男生里"表现中等""有点调皮，但不是特别调皮"，判断儿子不会整节课都在捣乱，于是在资源区贴下"有部分时间专注听讲"的资源便笺。【寻找问题的例外，发掘孩子的内在资源】

孩子放学后，她跟孩子做了如下沟通。

妈妈："儿子，刚才你的老师给我打电话了。"

儿子："说啥了？"

妈妈："老师表扬了你，说你在课堂上有一部分时间在认真听讲。你是怎么做到的？"**【引领孩子走向"你的事"的资源区】**

儿子："……"（略）

妈妈："还有呢？"

儿子："……"（略）

妈妈："还有呢？"

儿子："……"（略）

妈妈："很多孩子上课都有注意力分散的时候，忍不住交头接耳、做小动作。当你出现这种情况时，你是怎么约束自己、把注意力拉回来的？"

儿子："……"（略）

"哇，你做了这么多。"妈妈在孩子说的时候，边听边写下了数张便笺，贴在了孩子的资源区。她指着它们说："你克服了很多困难，做了很多努力，果然是个爱学习的好孩子，难怪老师专门打电话表扬你。我和老师好奇的是，这么优秀、努力的孩子，接下来会做些什么不一样的，让自己再进步一些，再多一点时间认真听讲呢？"**【制定策略】**

儿子："……"（略）

妈妈："你愿意列出一个目标，贴在咱们的'红绿灯，黑白走'挂图上，记录每天的进步吗？"**【建构属于"你的事"的目标】**

儿子："愿意。"

妈妈："你怎么让老师知道你树立了目标，要每天进步一点呢？需要咱们一起给老师打个电话吗？"【将目标和行动计划告知老师，在做好"我的事""你的事"的基础上，引发"他的事"的改变，形成涟漪效应，形成系统性改变】

儿子："好的。"

在谈论问题时，人们容易使用普遍化、绝对化的词语，如"总是""从来""一直""都"等，但这常常不是对事实的真实描述。

老师说 Sue 的儿子"一直不认真听讲"。这是常见的表达方式，人们往往习焉不察，但它却会传达一种感觉：这孩子在整个上课期间都没有认真听讲。这种感觉是一种含糊的笼统的印象，但却足以唤起父母的焦虑。可是，如果我们仔细想想，就会发现这显然不是事实，三年级的学生即便再调皮捣蛋，也到不了整节课都不认真听讲的程度。对这件事的准确表述应该是"他有时候不认真听讲"。

"有时候不认真听讲"仍然是个问题，但这样的表达就给寻找资源留下了余地，孩子"有时候不认真听讲"也就意味着他"有时候认真听讲"，这便是资源。

Sue 在跟儿子沟通时，没有从问题着手，而是直接从资源着手，询问孩子是如何做到在部分时间里认真听讲的。沟通始终在正向地进行，她没有提任何问题，但问题就这样消融了，颇有点"谈笑间，樯橹灰飞烟灭"的畅快。这样的沟通，首先注重了关系，同时也聚焦于内容，既关注了"人"，也解决了"事"。

由此可见，解决问题有时并不需要讨论问题本身，而是可以直接谈论资源，谈论孩子已经做到的例外亮点行为，然后引导孩子自主建构目标，并教练孩子自主制定解决问题的方案，开始自我负责、自主行动。

练一练

提升消融问题的能力练习单

成为消融问题的高手，让孩子的学习问题消融于无形，让自己的家庭教育省心而高效，这是你想要的吗？

如果是，请带上笔和便笺，来到沟通区，用舒服的姿势坐在"红绿灯，黑白走"挂图前，并使用以下教练问句来提升消融问题的能力。通过以下练习，你会发现，你其实也有让问题消融于无形的例外（当然也可能是常态）。通过练习，你可以让这种例外得以浮现，可以有意识地重复使用它，使之进一步扩展，从而进一步提升家庭教育效能。

（1）请列举一个你想解决的孩子的学习问题，将关键词写在便笺上，贴在"你的事"的资源区。

（2）关于这个问题，何时曾有不存在、较轻或轻那么一点点的情况？（一定有，多给自己一点时间，慢下来，细细想，一定会浮现出来。）

（3）那时你是怎么做到的？你是怎么有效支持孩子，以至于让问题消失、变轻或轻一点点的？

在问题消失、变轻或轻一点点的时候，你在沟通中是如何更注重关系层面的，又是如何聚焦内容层面的？（请用关键词记录反思结果，写在便笺上，贴在"我的事"的资源区。）

（4）还有呢？（请至少问自己5遍。）

（5）太阳底下无新事。你是解决自己家庭教育问题的专家，在你的反思结果里，本章所讲的沟通技巧有哪些是你曾经使用过的旧技能？请进一步思考，你在何时、何地、跟谁在沟通时使用过这些旧技能？

（6）你准备怎么有意识地、更常态化地使用这些旧技能，让自己的家庭教育能力更上一层楼？

第 **4** 章

建构目标: 没有目标的船, 哪个方向都是逆风

4.1　建构属于父母的目标：我想要的是什么？

　　黄女士（化名）是一位三年级男孩的妈妈。孩子近来的上学问题让她心力交瘁：一到学校就闹肚子疼，接回家就没事。妈妈带孩子到医院检查身体后没有发现问题，孩子在学校也没有出现被霸凌等情况，孩子的学习成绩也不差。

　　近来黄女士总是刚到单位就接到老师的电话，不得不频繁请假去照顾孩子。她不堪其扰，前来寻求教练的支持。

　　介绍完情况后，黄女士问我："老师，这是怎么回事呀？一开始我觉得他是装的，故意捣乱，就是不想上学，也说他、哄他，给他讲道理，都没用。我想着他是装的，就不管他，觉得晾他几天，不搭理他，也就好了。但他还是这样，天天这样，老师也害怕了，我也害怕了。身体没问题，应该是心理问题吧？他是安全感不足吗？"【妈妈和孩子双双处在问题区，"黄灯状态"或"红灯状态"】

　　我："看得出来，作为妈妈你很担心孩子，在想尽办法帮孩子。通过这次对话，你想要的是什么？"【建构目标】

　　黄女士："让孩子正常上学。"

　　我："关于正常上学，能多说说吗？"

黄女士："他能开开心心上学，不像现在这样一到学校就说肚子疼，正常上学，正常学习。我不用刚到单位就得请假。我都没办法正常工作了。现在我压力特别大，好话歹话说了一大堆，给他买好吃的好玩的，想让他开心起来。但我急了就会吼他，觉得纯粹是他学习态度不端正，给他讲道理也不行。我都要崩溃了，我觉得自己这妈当得太差劲了，什么都做不了，什么都做不好。"

我："对妈妈来说，这确实不容易。我注意到你在这么不容易的情况下，还在想各种办法来帮孩子。"

黄女士："我是妈，那是我儿子，我只有想尽办法帮他呀，可是怎么做都不行。这才上三年级，这样下去可怎么办？"

我："我想每个妈妈遇到这样的情况都会感到很辛苦。可是即便这么辛苦，你却还想尽一切办法去帮孩子。这背后支持你的力量是什么？"【**使用应对问句，寻找问题的例外，为妈妈赋能**】

黄女士："……爱吧。他是我儿子，我爱他，希望他好起来。他很聪明，也挺懂事的。"

我："爱！是呀，除了爱，除了母爱，还有什么会有这么大的力量呢！假如……我是说，假如你想要的目标达成了，孩子能正常上学了，能开开心心上学了，你不需要这么辛苦了，不需要频繁请假照顾他了，那时候的你，会有什么不同？"

黄女士："我就不焦虑了……是不是……是不是我太焦虑了，让孩子有压力，才出现了这种状况？"

我："你的话让我有一种感觉，你好像觉得当你不焦虑的时候，有可能孩子的情况就会有所不同。不知道我的理解对不对？"

黄女士："不都说孩子的问题是父母造成的吗？"

我："我不知道孩子的问题是不是父母造成的，但我们好像有一个共识，就像你说的，如果你的状态好起来，就能使孩子的状态也好起来。"

黄女士："嗯，我要是不焦虑了，孩子应该会好一些。我确实太焦虑了，就想着孩子这才上小学三年级，啥时候是个头儿呀！一想到这个，天都要塌了一样。"

我："是呀，我相信每个妈妈遇到这样的情况都会有类似的感觉。那么，也就是说你希望自己调整情绪状态来帮助孩子，是这样吗？"

黄女士："是的。"

我："你觉得什么样的情绪状态会帮孩子开开心心上学？"

黄女士："不焦虑。"

我："如果不用'不'字，你会用什么词语描述这种情绪状态？"

黄女士："放松。对，就是放松。我要是放松下来了，估计孩子也会好些。这孩子很懂事，特别会察言观色，我心情一不好，他立马就能感觉到，有时候还会反过来安慰我。所以，我的焦虑会给他造成心理负担。"

我："也就是说，当你放松了，孩子也会变得放松。"

黄女士："嗯。"

我："好的，如果用一句话概括这次的对话目标，你会怎么说？"**【建构出归属于"我的事"的目标】**

黄女士："让我的心情放松下来。"

以上是"红绿灯亲子沟通法"3步流程中的第一步——建构目标。你可以看出来，教练孩子和教练父母或父母自我教练，用的是相同的3步流程。

为了讲清3步流程的分解动作，黄女士的这个对话案例的完整过程会拆分成3部分，第二步"创设未来"的部分在5.1节，第三步"制定策略"的部分在6.1节。读者可以合并阅读以览全貌，也可以分开阅读以看细节。

提前剧透一下，经过这次教练对话，黄女士开始发掘自己的内在资源，开始用"红绿灯亲子沟通法"所采用的焦点解决的思维模式来自我教练。20天后，她从焦虑重重变得光彩照人，孩子上学闹肚子疼的问题也奇迹般地消失，孩子终于开开心心地正常上学了。

自我教练包括两部分：一部分是自我改变、自我负责、自我成长；另一部分则是自我关爱、自我支持、自我赋能。

黄女士有非常强的觉察力，在教练问句的引导下，敏锐地觉察到自己之前陷入了解决问题的悖论困境（虽然她不一定能系统地描述出来）：孩子有这样那样的问题，她为此感到焦虑，她的焦虑无形之中传递给孩子压力；她希望孩子改变，对孩子说要做好"你的事"；孩子感受到压力，出现更多的问题；她更焦虑，更想让孩子改变……如此循环往复，越用力，问题越固着。

请注意，在这一步建构目标的过程中，刚开始黄女士的目标是想办法让孩子改变，"让孩子正常上学"，而我们最后协商出的目标则是"让我的心情放松下来"。

二者有着微妙而至关重要的区别。

假如我和黄女士协商的目标停留在"让孩子正常上学"，那么，这就是把改变的责任归属在孩子身上，就是希望孩子改变以求解决问题。但妈妈越要求、命令或者哄孩子开开心心地正常上学，孩子就越是承受着更大的精神压力，越是没法做到。这个目标是父母无法掌控的，越想掌控，问题越大，因为这是属于"你的事"的目标。除非是孩子自己树立的目标，是孩子的自主目标，孩子才会主动去实现，而无法靠父母的推动、要求来实现。如果不是孩子自己的目标，而是父母推动着、要求着去达成的目标，双方就会陷入悖论困境。

最终的目标"让我的心情放松下来"则是把责任归属于父母的目标，指向父母的自我改变、自我负责和自我成长，这也是黄女士可以掌控、可以达成的目标，是一个关于"我的事"的目标。这个目标一旦达成，也恰恰就能引导、支持孩子树立他自己正常上学的目标。

在与人相处时，我们通常期待、要求甚至命令对方改变，觉得如果对方改变了，事情就解决了。在对方不改变的时候，我们就会抱怨、指责对方，认为出现问题是对方的责任，改变也是对方的责任。

父母和孩子也是如此。不只是父母在期待、要求甚至指责孩子，希望孩子改变或先行改变，事实上孩子也在期待父母改变或先行改变，孩子年龄稍大时，还会抱怨父母的不改变。每个人都在期待对方改变，至少是期待对方先改变。就像两人在独木桥上迎面相遇，谁都不愿意转身，都要求对方转身，达不到目的就以力相搏，狭路相逢有力者胜——孩子小的时候父母赢，孩子到了青春期则父母输，或者双双"落水"。

要想打破僵局，总得有一方先停止抱怨，迈出自我改变的一小步。就像上面的对话片段所表明的那样，当一方改变了，另一方也就开始改变了。

焦点解决短期治疗心理咨询流派的创始人之一茵素·金·伯格曾说：人们只有将自己视为解决之道的主要部分，才能够靠自己的力量前行。

对于"我的事"，"我"才是解决之道的主要部分，"我的事"唯有"我"能掌控，也是"我"唯一能够掌控的部分。而"你的事"，"我"无法掌控，只有"你"能够掌控，也应该由"你"掌控。如此，父母和孩子才能成为各自人生的主人。所以，对于"我的事"，父母全力负责，而不期待孩子表现好了之后，自己才能情绪稳定、沟通得当；对于孩子的"你的事"，则高度抽离、授权自主，本着好奇的态度，教练孩子自主解决问题。

父母自我教练的另一面是自我支持、自我关爱、自我赋能。父母自我改变、自我负责、自我成长，需要有力量的支撑，没有力量，这些就不可能发生。父母需要被赋能而不是被指责，需要自我支持而不是自我否定。

这些年，人们谈论家庭教育的方式发生了很大的甚至是与过去截然相反的变化。

在过去，孩子的行为出现问题时，固然有"子不教，父之过"的说法，但"天下无不是的父母"才是主流声音。孩子犯错或闯祸时，更普遍的意见是孩子本身有问题而不是父母有问题。即便是"父之过"，也不过是父母没有严厉地约束和规训孩子而已。从字源上看，在甲骨文中，"教"这个字的右半部分像是手里拿着一根杖或一条鞭子。可见，"棍棒底下出孝子""不打不成器"是有传统的。这样的家庭教育方式当然有极大的问题，很容易造成父母忽视、伤害，甚至虐待孩子。

随着心理学、家庭教育的普及，"原生家庭"的概念深入人心。这在很大程度上纠正了传统家庭教育的偏颇，孩子作为独立自主的人开始被看见，尊重、理解、信任、接纳等家庭教育原则成为主流意见。这样的变化当然值得额手称庆，是足以载入人类文明史册的巨大进步。

但问题也有另一面，人们似乎矫枉过正，走向了另一个极端。"原生家庭即原罪""父母皆祸害"之类的论调颇有市场。"父母是原件，孩子是复印件""孩子的问题都是父母的问题"这样的说法随处可见。更有甚者，在自媒体上，文字信息、视频信息、家庭教育直播间严词批评、指责父母的现象也不鲜见。

过犹不及，这样的矫枉过正也会给父母和孩子两方面都带来潜在的风险。

在父母这边，铺天盖地的声讨和指责，随处可见的"正确的、科学的育儿方法"都在明示和暗示家长是有问题的、是错的。这在有形或无形之中给父母施加了巨大压力，使他们产生过度的焦虑，丧失信心和力量，丧失教育效能感，而变得无所适从、战战兢兢，唯恐自己一句话、一个眼神就毁掉孩子的一生；或者走向另一个极端，因焦虑导致用力过猛，反而出现过度教育、过度呵护、过度控制的现象。

而在孩子这边，社会舆论过度强调原生家庭的危害、父母的教育错误，则会把孩子塑造成"受害者"的角色，使他们放大父母在教育过程中对自己造成的伤害，因此自怨自艾或怨恨父母，甚至对诸如"人间不值得"的论调产生共鸣而做出极端行为。

指责是容易的，因为问题和错误总是更容易被关注，聚焦问题的思维很容易引发"追责风暴"——要么指责孩子，要么指责父母。

是时候开始做建设性的工作了。

采用焦点解决短期治疗方法的心理学家、焦点解决取向的心理咨询师和教练的工作，就是其组成部分。焦点解决的思维方式和沟通技巧，也给非专业的父母提供了一种超越对错、不纠结于问题而聚焦于资源的积极的教养思路。

心理咨询师和教练首先要做的就是停止对父母的指责，去支持、赋能父母，并使其能够自我关爱、自我支持、自我赋能，唤醒他们的内在力量和教育潜能，并最终通过他们更好地支持和赋能孩子，激发孩子的内在力量和学习成长潜能。

当然，父母也可以独立地、有意识地开始自我关爱、自我支持、自我赋能，唤醒自己的内在力量和教育潜能，这是做好"我的事"的不可或缺的重要部分；然后在做好"我的事"的基础上，有力量、有效能地支持、赋能孩子，使其自主学习、自主成长。

就黄女士的个案而言，指责她也是很容易的，因为她自己就在指责和攻击自己，我完全可以指出她有"情绪不稳定""不理解孩子""吼孩子""孩子遇到困难了还雪上加霜"等一系列错误，但这帮不到她，只会让她更焦虑、更无力，也就帮不到她的孩子。

作为教练，我应该做的是赞美和赋能。我在引导她看到即使在这么辛苦的情况下，她还在想尽一切办法帮助孩子，并用诸如"这背后支持你的力量是什么？"的教练问句请她反思内在力量。

她反思的过程，就是停止自我攻击、自我否定，而启动自我支持、自我赋能的过程。这使她的自我改变、自我负责、自我成长的力量开始聚集。

当觉得孩子的"你的事"有一个问题需要解决时，请记得先自我教练，第一步就是先建构出属于"我的事"的目标，找到"我想要的是什么"。

在与黄女士的对话中，从纠结于孩子的问题，到建构属于自己的目标，有详细完整的过程。下面我把它提取成具体的步骤，父母可以参照执行。

1. 罗列问题（不想要的）

将你认为的孩子的某个问题用关键词写在便笺上，贴在"你的事"的问题区；如果觉得自己也有情绪管理等问题，也用关键词写在便笺上，贴在"我的事"的问题区——当然，自己的问题也可以不写。

2. 陈述期待（想要的）

对于孩子存在的以上问题，你期待孩子会有什么表现？期待孩子用什么行为替代问题行为？注意不要用"不""不要"等否定词，而用正向语言表述。将其用关键词写在便笺上，贴在"你的事"的资源区——这相当于你希望孩子建构和达成的目标，越详细越好，最好具体到可见的行为动作。例如，你期待孩子好好学习，请进一步自问："他做到什么，我就知道他好好学习了？"

3. 提前假设，思考自己改变的目标

提前假设孩子做到了，先不考虑他怎么做到，只是纯粹假设，思考当他做到了，自己会有何不同，会用什么不同的方式对待他——这其实就是孩子对父母的期待。将其用关键词写在便笺上，贴在"我的事"的资源区。

4. 推测可能的变化，并做出决定

推测当自己发生改变后，孩子会不会如你期待的那样改变。如果会（一定会），请做出决定，是继续期待孩子先改变，还是自己先改变？如果是后者，请汇总成 14 字以内的一句话，作为自己成长的目标。

注意事项如下。

保持聚焦。罗列问题时只罗列问题，建构目标时则聚焦于建构目标。请记住，思维很快，习惯性思维更快，用便笺书写能让你慢下来、沉下去。在这个过程中，请保持觉察。思维的跳跃性很强，我们需要给它套上缰绳，需要聚焦，唯有聚焦才能高效解决问题。

如果建构属于"我的事"的目标时感到不舒服，觉得"明明是他的错，为什么要我改变？"，感到委屈，你一定是承受了很大的压力，说明你需要更多地自我关爱、自我支持和自我赋能。你现在是在自我教练，孩子不在身边，不用担心尽情倾诉会影响孩子，那么就把问题区当成树洞，把自己的压力、不满、抱怨、委屈都说出来，然后问自己"这么不容易，我还在想尽办法解决问题，是什么力量在支持着我？"从这个问句开始，聚焦于自我赋能，唤醒自我的力量，再去建构属于自我改变的目标。

慢一点，多试几次，给自己足够的空间和时间。

如果数次之后仍然觉得自我教练是困难的，那说明你需要更多支持，此时，求助于专业人士或走进"红绿灯亲子沟通法"父母课堂是一个更好的主意。

4.2 战胜纠结：我真正想要的是什么？

"奶茶"（微信昵称）如今是一名心理咨询师，她在走向专业道路之前，曾参加我的团体家长课。当时，她在女儿兴趣班的问题上有困扰，为此我们在互动环节有过对话。

"奶茶"给女儿报了一个绘画班。画画是女儿的兴趣，女儿说起画画经常眉飞色舞，这个班是她自愿报的。可是，她有时却并不想去上课，得妈妈催着才去。"奶茶"觉得既然报班了，就应该积极去上课，她希望通过对话找到解决办法。**【妈妈和孩子双双处在问题区，"黄灯状态"】**

"奶茶"介绍完情况后，我问她："关于孩子的兴趣班，你想要的是什么？"**【建构目标，引领妈妈走向资源区】**

"奶茶"："我想要她高高兴兴地去，毕竟是兴趣班嘛。"

我："兴趣班在你的词典里的意思，能多说一点吗？"

"奶茶"："兴趣班就是有兴趣才上的培训班。我并没打算让她走专业路线，比如一定要比赛得奖呀，要考到多少级呀，这些都没有，就是凭兴趣就好。我觉得孩子还是要有个兴趣的。咱们知道，人生其实蛮枯燥的，长大后，除了工作就是柴米油盐的琐碎生活。如果她有自己真正喜欢做的事，比方说画画，在工作生活之余，有个寄放身心的兴趣爱好，生活就不会那么枯燥，人生就会舒展、有亮色。"

我："哇，特别美好的祝愿。也就是说，你想要的是孩子有一个让人生得以舒展的兴趣爱好。"

"奶茶"："是的。"

我："画画是孩子的兴趣，你对兴趣班的定义是有兴趣才上的培训班，你并没打算让孩子走专业路线，让她上兴趣班是为了使她枯燥的成年生活中有一抹亮色，人生变得舒展。可是，当她不想去的时候，显然是她没有兴趣的时候，你却催她去。这里面好像有矛盾。"

"奶茶"："我也觉得自己蛮纠结的，既想让孩子开开心心去画画，不想催她，可是又觉得不催一下不是个事儿。"

我："本想让孩子开心去画画，在她不想去的时候却催她去，你这么做一定有重要的理由，那是什么呢？"

"奶茶"："重要的理由……兴趣班也不能光凭兴趣吧？这是孩子主动报的，孩子一般会高高兴兴去上；她不想上的时候，我跟她说干脆退了，她又不乐意。既然不乐意退，那就高高兴兴去呗。做事总得坚持，总得有点毅力吧？"

我："看起来，对于这个兴趣班，你不只是想支持孩子培养兴趣，还希望锤炼孩子的毅力。不知道我的理解对不对？"

"奶茶"："是呀。再有兴趣的东西，也总有遇到挑战的时候，也有觉得枯燥乏味的时候，不坚持怎么行？没有毅力怎么行？"

我："我看到你希望孩子能全方位发展。假如，我是说假如，假如这个兴趣班只能帮孩子获得一种东西，兴趣和毅力二选一，你真正想要的是哪一种？"**【在多重目标中，建构出真正想要的目标】**

"奶茶"："兴趣，还是兴趣。毅力在其他方面也能培养嘛。"

我："我们确认一下。让孩子有兴趣去画画，这是你想要的。"

"奶茶"："是的。"

我："OK，我们就往这个方向走。你说到孩子对画画非常感兴趣，通常是高高兴兴去绘画班的，这就是所谓的例外，其实对你的孩子来说应该算是常态。那么，例外也好，常态也罢，那时候孩子也一定会有遇到挑战、感到枯燥乏味的情况，当时你是怎么让孩子保持兴趣的？"**【寻找问题的例外，制定策略】**

"奶茶"："哎呀，老师，你这么一问，我豁然开朗！那时候我鼓励她、夸她，兴致勃勃地听她讲她是怎么画的，画的是什么，跟她一起开心，反正就是兴趣嘛，开心就好。她也确实有过因为某个小朋友比她画得好而灰心丧气的时候，我都是接纳她、鼓励她的。所以，她一般都是高高兴兴去学的。她不想去的时候，往往是我那几天在提要求，说这儿画得差了点，那儿可以画得更好，告诉她应该这么画、应该那么画，要她努力、坚持……反正是要她这样、要她那样。这么想想，是我忘了送她去画画的初心了。"

我："当你不忘初心，记得自己想要的是什么的时候，问题就不会发生，孩子也不需要靠毅力坚持。"

"奶茶"："是的，我那么放松，鼓励她，陪伴她，她那么兴致勃勃，哪儿还需要靠毅力坚持呀？"

我："问题看起来解决了？"

"奶茶"："解决了。"

过了一段时间，"奶茶"发给我一段视频，是她女儿绘画班老师录的。

在视频里，老师以"奶茶"女儿为例，讲父母应该怎样培养孩子的绘画兴趣。他说，在他带过的学生里，只有"奶茶"的女儿全身心地沉浸于画画之中，她的画也是最有创意的、最好的，"是从心里流出来的"。老师说，孩子之所以这样，正是因为妈妈随时在鼓励孩子，而不是要求、批评、纠正孩子。

这位老师没说出来的是：这位妈妈之所以能随时鼓励孩子，是因为她知道自己想要的是什么，知道自己真正想要的是什么。

"奶茶"提到了纠结。所谓纠结，就是选择了 A 却念着 B 的好。人们总是既要、又要、还要，会同时有两个或多个想要的目标，它们难免相互冲突。

这时，我们就不得不有所取舍。舍得舍得，有舍才有得，不舍无所得。在舍与得之间，我们只有找到自己真正想要的是什么，才能避免纠结，过上不内耗的人生，也才能让家庭教育变得高效而从容。

但是，如果仅仅从舍与得的角度考虑问题，即便最终舍掉不太重要的鱼而得到熊掌，人还是会有损失感，即所谓的"损失厌恶"——人往往对损失、对舍掉的东西更为不舍。

如果从另外一个角度来思考问题，会让选择更为容易，这个角度就是目的与手段。

马斯洛说："如果我们细究日常生活中的常见欲望，就会发现它们至少都有一个重要特点，即，它们通常都是达到目的的手段，而不是目的本身。"

记住这一点很重要。因为我们常常会把手段当成目的本身，而忘了目的到底是什么，忘了我们真正想要的是什么，从而陷入纠结之中，甚至酿成悲剧。这样的事情不胜枚举。例如，赚钱是为了人生幸福，赚钱是手段，而且是手段之一，幸福才是目的；偏偏有人为了赚钱不择手段，最后锒铛入狱，让幸福成为泡影。再如，孩子在学校内的知识学习是为了满足人类天生的好奇心，并为未来的职业发展积累知识资源，说到底也是为了幸福，考高分、考好大学是手段，而且是手段之一，幸福才是目的；但许多父母常常忘了这是手段，孩子考不了高分就大加责罚，造成诸多孩子在学习之路上苦不堪言，甚至罹患身心疾病，幸福终成泡影。

对于"奶茶"而言，让孩子有一个全身心投入的、使人生得以舒展的兴趣爱好是目的，是她真正想要的，是她的初心，给孩子报绘画班是达成目的的手段。但就像所有人都可能陷入迷茫一样，在执着于手段时，她忘了目的，忘了初心，忘了自己真正想要的，以至于陷入纠结。当她看清自己的初心、目的、真正想要的，问题也就解决或者说消融了。

父母经常会犯错误，会迷茫，会纠结，会忘掉初心。所以，父母需要经常停下来，慢一点，给自己时间，给自己空间，来觉察和反思自己想要的是什么，真正想要的是什么。

再举一例。

在我的工作中，常有父母咨询孩子周末作业的相关问题。关于周末作业，父母通常想让孩子先写作业后玩，而孩子则想先玩后写作业。于是很多家庭因为这个问题在周末发生冲突。

我和一位妈妈就这个问题有一场对话，简要记录如下。

这位妈妈介绍完情况后，在"你的事"的问题区贴上"贪玩""不用心""作业拖到最后写"等便笺。

我问："关于周末作业安排，你想要的是什么？"【建构目标】

案主："想要她在周六完成所有作业。作业嘛，是作为学生应该完成的任务，早完成早心静，完成了，无牵无挂地开心玩去呗。干吗非得放在最后写呢？搞不明白。"

我："我试着理解一下，你是想让孩子在完成作业之外，还能无牵无挂地开心玩。是这样吗？"

案主："是。我不是一个严苛的妈，没想着再给她加多少任务，她已经够辛苦了。我觉得她能完成学校的任务，学习成绩就不会差，也想着让她在周末放松，开心玩。这样她下一周的学习状态就会好，会休息才会学习嘛。"她写下"完成作业""开心玩""劳逸结合"等便笺，贴在"你的事"的资源区。

我："同时注重孩子的休息和学习，这真的特别可贵。我们进一步澄清一下，目前孩子自己的安排是把玩放在前面，写作业放在后面，那她有没有做到既无牵无挂地开心玩，又完成作业？有没有做到劳逸结合？"

案主："……好像也做到了呢。"

我："也就是说孩子目前的安排的结果，跟你想要的结果其实是一致的。可是你还是坚持要她先写作业后玩，这对你来说意味着什么呢？"

案主："先写作业后玩，说明她学习主动、积极。"

我："我可不可以这样理解？你真正想要的是能帮助孩子自主学习。"【建构出真正想要的归属于"我的事"的目标】

案主："是的。"

我："这就清楚了。接下来，我会问一个有点挑战性的问题，你准备好了吗？"

案主：“哈哈哈，没问题。”

我：“假如孩子听从了你的安排，按你的意思做了，先写作业后玩。那么，在这种情况下，她先写作业是自己的意思，还是你的意思？她是主动学习还是被动学习？”

案主：“……好像是被动呢。”

我：“'好像'还是确定？”

案主：“确定。”

我：“再问一下，目前孩子先玩后写作业，是她自己主动进行的安排，这是主动学习还是被动学习？”

案主：“老师，我迷糊了。”

我沉默着，等她反应。

案主：“孩子自己的安排才是主动学习。”

我：“这是你真正想要的吗？”

案主：“……是。这意思就是由着她去呗。”

我：“你刚才说这是你真正想要的。但是，你的话和表情让我感到你并不满意，能说说为什么吗？”

案主：“不知道，心里有点不舒服……就好像……说不清……”

我：“这种不舒服想跟你说什么？”

案主：“好像在说……'你输了'。”

我：“是呀，人在自己的方案被放弃的时候，会有这种感觉的。那么，在赢过孩子和支持孩子自主学习之间，你真正想

要的是什么？"【在多重目标中建构出真正想要的目标】

案主："啊，我明白了。我干吗要赢过孩子呢？干吗要计较这个呢？好奇怪。"

我："这是人之常情。还有什么要讨论的吗？"

案主："没了。不用吵架了，以后周末我也轻松了。"

这位妈妈真正想要的是孩子能自主学习，这是目的；选择在何时完成周末作业则是手段。实际上孩子目前已经自主安排、自主学习了，跟妈妈的目的是一致的；但孩子达成目的的手段却与妈妈达成目的的手段不一致。引发母女俩冲突的是手段，而不是目的。要知道，达成一个目的，手段有多种，甚至有很多种。正所谓条条大路通罗马，罗马是目的，大路是手段。但当人们忽略了目的，只看到手段时，往往就会因为手段的不一致而产生分歧，为了争论走哪一条路而打起来，结果永远到不了罗马。

当然，在周末作业安排的问题上，有些孩子把作业放在后面写，会导致熬夜写作业的现象。但这与目的并不冲突。这说明孩子想要自我管理、自主学习，只是能力还不够、手段欠成熟而已。父母这时可以在尊重孩子整体的自我安排的情况下，教练、引导孩子在合理的时间内保质保量地完成任务，而不至于熬夜把自己搞得太辛苦——这一定也是孩子不想要的。

当然，我知道还有父母希望孩子早点完成学校作业，再给孩子安排额外的作业。在这种情况下，孩子用拖拉磨蹭来抗拒就再正常不过了。这时候，父母则更需要考虑清楚在布置额外作业这一手段背后的目的是什么。"想要的是什么？""真正想要的是什么？"如果想要的是孩子学习成绩好，除了布置额外的作业之外，还有哪些手段可以达成这个目的？如果父母看见孩子闲着，自己会焦虑（这很常见），孩子听从自己的安排，自己会有成就感、控制感，会有"赢"的感觉，那么就更需要思考：养育孩子，"我"真正想要的是什么？

绝大部分的亲子冲突都是假冲突，都是手段方面的冲突，而不是目的方面的冲突。父母和孩子在目的方面，在真正想要的方面，都是一致的。父母养育、教育孩子的目的是使孩子过上幸福的生活，而孩子成长学习的目的又何尝不是如此？

达成目的的手段不止一种，通往罗马的道路有千万条，如果在目的方面达成一致，亲子双方总能找到共同认可的手段。

父母与孩子都想去罗马，本来在目的方面毫无分歧，是一致的，却因为手段的不同、路径的差异而发生冲突，导致亲子不和，使本可以幸福的家庭充满纷扰、矛盾、痛苦，甚至发生更大的悲剧，真的很不值！

孩子会有各种各样看起来有问题的行为，如冲动、任性、乱发脾气、又想玩又想学等；父母也是如此，也会有各种相互冲突的目标。指责孩子或自我指责都无益于解决问题，我们需要一双慧眼，看清手段背后隐藏的目的，看清我们真正想要的是什么。当目的被看清，解决问题的手段也就呼之欲出了。

请记得使用这两个非常有用的教练问句：

"你（我）这么做，一定有重要的理由……"（或"这么做，对你（我）意味着什么？"）

　　"你（我）真正想要的是什么？"

4.3 治愈的时间轴：时间，时间，告诉我答案

"秋水无痕"（微信昵称）的儿子在读三年级，是学校的"名人"。有一次开家长会，她碰到一位老师向她打听谁是"×××的妈妈"，不料正好问到本人，那位老师说："哦，你就是×××的妈妈呀。"

"秋水无痕"的孩子学习成绩很好，放学后不用她催就会自己写作业。但他出名不是因为这些，而是因为调皮捣蛋。接到老师的投诉电话，对"秋水无痕"来说是家常便饭。老师反映的问题包括但不限于站没站相、坐没坐相、上课做小动作、交头接耳、跟老师顶嘴、不服从管理、字迹潦草等。

老师把他调到最靠近讲台的位置，但这孩子开心得不行，说这座位紧挨教室的门，下课可以第一个跑出去。

在"红绿灯，黑白走"的孩子问题区，现在有了以上多个问题便笺。

我照例问"秋水无痕"希望在对话中有什么收获（对话目标），她说："找到教育孩子的办法，让他在学校守规矩。"经过建构属于父母的目标这一步骤，她进一步建构的目标是

"我情绪稳定"。

然后，我用沟通流程的第二步，请她想象目标达成后的画面。

在她描述的成功画面中，她的儿子"文静""踏实""守规矩""懂事""听话"，自己"轻松""平和""情绪稳定"，她将这些关键词分别贴在两个人的资源区。

但这时她叹了口气，说："这是不可能的！我儿子的德行我知道，他不会这样的。他不这样，老师天天打电话，我想平和也平和不了。"

当问题如潮水般涌来，人们往往难以自拔。我知道她处在"红灯状态"，需要更多支持，于是对她使用了时间轴的教练技术。

我请她回忆她家和丈夫家两个家族中寿命最长的人的年纪，她说 94 岁。我请她在时间轴的左端贴上孩子的出生年份，时间轴的右端贴上孩子可期待的寿命 94 岁，这相当于完成了孩子完整生命的时间轴。然后我请她标记问题发生的时间点"9 岁"，以及 20 年后孩子已经成人走上社会的时间点"29 岁"，如下图所示。

红绿灯，黑白走

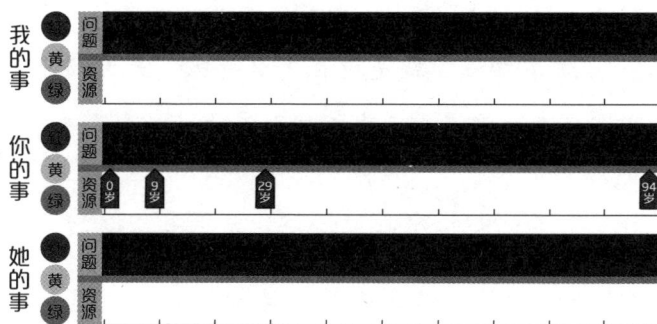

"秋水无痕"制作的时间轴

我请她指向 29 岁的时间点，问她："在这个年龄，孩子已经成年，独立走上社会了，你教育孩子的使命也完成了。此时，你儿子是什么样子的，你会觉得自己的教育是成功的？"

"秋水无痕"："其实我根本不担心我儿子长大以后的情况。就这个小子，聪明、灵动、有主见。别看人家上课捣乱，好像啥都没听，但作业都会做，考试成绩都排在前面。老师都说这小子长大后不得了。你知道吗？他情商很高的，跟老师顶嘴，把老师气得头痛，下课就跟没事人一样，跑到老师那儿又能把老师逗笑了。老师对他是又爱又恨。跟小朋友在一起他就是头儿，一帮小孩儿对他服服帖帖的。他可不是靠拳头让人家服气的，从来不动粗，小孩儿个个跟在他屁股后。我都不知道他怎么做到的。"

我："请继续。"

"秋水无痕"："所以，我相信我儿子长大后一定是好样的，我一点都不担心。就是现在怎么弄呢？天天让我头痛死了。老师天天打电话，我现在听见电话响，一看是老师，心就发慌。"

我："你对20年之后的描述非常能感染我。我们看一下孩子的资源便笺，'聪明''灵动''有主见''情商高''有领导力''长大后一定是好样的'，这些正是他现在就有的特质。另一方面，你期待孩子现在变得踏实、守规矩、听话、文静。是这样吗？"

"秋水无痕"："所以我很纠结，很焦虑。有时候我就在想，我儿子要真的成了那种特别乖的孩子，可能将来就不会像现在这样那么成功；但要是不乖，老师又天天投诉。我儿子就这脾气，我和老公担心如果硬要去改变他，再整出心理问题，那就麻烦了。我真的不知道该怎么办了！"

我："好的，我们再回到时间轴上。20年后，儿子成为什么样的人，你会觉得自己的教育是成功的？"

"秋水无痕"："就是那种情商高、有主见、有领导力的人。"

我："20年后，看到孩子成了那样的人，你觉得自己是个成功的妈妈。那时候，看到孩子你会是什么心情？"

"秋水无痕"："自豪、欣慰。"

我："好的，现在我们邀请20年后的成功的、自豪的、欣慰的你来给现在的你一个建议，关于现在如何教育孩子，她会给你什么建议？"

"秋水无痕"："……她会说……你不要硬去改变他，你要接纳孩子现在的样子。"

我："还有呢？她还会说些什么？"

"秋水无痕"："……孩子活泼点也是正常的，这种孩子小时候养起来麻烦，长大了反而能站得住脚，那时候咱就不操心了。那就认吧，别拧巴了。但是也不能不管他，他要是正经做事一定是好样的，可他要是走歪路，也能给你捅出天大的窟窿。所以，他一定要三观正，适当守规矩。"

我："我们总结一下20年后的你所给的建议，总体上接纳孩子现在的样子，不要强行改变他，同时教育他三观正、守规则。还有要补充的吗？"

"秋水无痕"："没了。"

我："那么，我邀请你来思考，有没有这样的例外，参考20年后的你给现在的你的建议，你有没有做到过，或者部分做到过？接纳他本来的样子，同时又教育他三观正、守规则。"

"秋水无痕"："……有一次，老师又在家长群里点他的名。我跟他谈，先夸了他一通，跟他说我很爱他，喜欢他有主见有想法的样子，但是他在学校捣蛋，在家长群里我被点名，我很没面子。我请他帮忙，让妈妈在老师那儿、在其他家长那儿能有点面子……就是这样。他差不多有两周没惹祸。"

我："哇，两周呀，这是个不得了的成绩！说了这么多，现在看到你们母子俩的资源区有这么多资源，你新的思考是什么？"

"秋水无痕"："老师，我好像知道了，还这么办。这孩子是头'倔驴'，硬压是压不下去的，可是他爱妈妈，为了让妈妈有面子，会调整自己。我还是得先调整自己，让自己平和一些，然后跟他说让他照顾照顾妈妈的面子，做到了就夸他是'暖男'。"

两个月之后，"秋水无痕"专门又和我约了一次对话。开头她就说，儿子"突然变了个人一样"，上课认真听讲，放学积极写作业，还叮嘱妈妈要少做一点工作，多照顾身体。老师也感到惊讶，让孩子当了组长，还准备接下来让他当班长。

说完之后，"秋水无痕"表达了她的不安，疑心孩子是不是受了什么刺激，才"突然"变成这样的。

我询问孩子是否有情绪低落、压抑的现象。她说没有。

我接着询问她自己有什么不同。她起先说："我也没做啥呀！"

再问下去，确实是"没做啥"，对比之前，她在孩子身上确实少做了很多，而不是多做了很多。她说孩子有时需要用平板电脑学习，自己的微信在上面登录着，她知道孩子至少有一次翻看了老师和她的微信聊天记录。老师还是会发很长的语音投诉孩子，但她都没有像以往那样"收拾孩子"。她觉得这会让孩子觉察到妈妈的不同。

她还提到帮她带孩子的婆婆说她"突然变得平和了"，还说自己一直是公司的销售冠军，之前为了保持这个地位"很拼""很卷""很焦虑"，回家后如果再看到孩子犯错，"就一下子炸了"。我们对话之后，她觉得这些似乎没有那么重要了，领导让她多管理一个市场时，她还推掉了，她说"自己活得放松一点，才是最重要的"。

我请她思考她的"突然变化"与孩子的"突然变化"二者的前后顺序，以及之间是否有关联。她说："是我先变的，看来是有关联的。可是，我不觉得我变化有多大，孩子变化太大了，有点不可思议。家长变一点，孩子真的能变这么多吗？"

我说："我注意到在你婆婆看来，她好像也并不觉得你只变了一点，不然不会用'突然'这个词。或许在你公司的领导看来，你的变化大概也不是一点点？"

"秋水无痕"："对呀，以前我会拼命多要一个市场的，现在反而领导给我，我都不要。"

我问她是否感到安心了些，她说是的。这最后一次对话，没有用完原本约定的一小时，就结束了。

时间轴这项技术，是焦点心理学家琳达·梅特卡夫博士的创意。

梅特卡夫博士曾用这项技术辅导过一名被虐待的 13 岁女孩丽安娜，当时这个女孩已经到了"每次想到过去，我就割自己"的程度。使用了时间轴之后，回到家里，丽安娜微笑着对妈妈说的第一句话是："妈妈，我有 77 年。"原来她的祖母活到了90 岁。90 减去 13 等于 77。丽安娜的意思是，她还有 77 年的时间走出被虐待的阴影，步入人生新篇章。这让她心生希望，而不再沉湎于被虐待的痛苦。

时间可以治愈一切。很多在当下看起来无法解决、令人绝望的困境，几年、十几年、几十年后再回头去看，就会觉得简直不值一提。这便是时间的治愈力量。

教育焦虑相当普遍，许多父母常为孩子的一次考试失利、一道作业题出错、一次被老师点名、几个英语单词没背会等问题而着急上火，互联网上有许多父母因辅导孩子写作业而崩溃的视频。

我们的情绪大脑没有时间概念，它体会到一种感觉，就会一直沉溺于其中。它会迅速识别问题，并将之视为生存威胁，然后在理智大脑反应之前让我们采取行动，以逃离危险，但此种情况下的行动往往不过是逃跑或战斗。这样的大脑设置曾经极大地帮助了我们的祖先，使他们在危机重重的草原和丛林中生存下来，得以繁衍生息。

现在，我们早已经脱离了生命随时可能终止的丛林时代，绝大多数问题不再具有即刻的危险性，但我们的情绪大脑并不知道，所以一件小事仍然会引发过度的压力反应，使我们迅速陷入"黄灯状态"或"红灯状态"，以至于教育行为失当。

慢下来，我们的理智大脑才有机会更多地承担起责任，让我们识别出什么是真正的危险，什么是可以从容应对的暂时性的问题。

时间轴可以帮助理智大脑，它让理智大脑在更长的时间维度里思考，让时间的治愈力量提前发挥效力。所以，当你因为孩子的某个问题而感到焦虑，觉得不得不立刻纠正时，请记得使用"红绿灯，黑白走"上的时间轴，它会给你答案。当然，你也可以在问题没有发生时，就使用它，它会让你变得更为从容。

1. 标记时间点

如果想要解决孩子的某个问题，请在时间轴的左端标记孩子的出生年份，右端标记家族中最长寿的人生前活到的年龄，根据这个时间长度，标记问题发生的时间点。你也可以再标记出你希望问题消失时孩子的年龄。

如果是你自己要解决的某个问题，则用自己的出生年份等标记时间点。

2. 计算你有多长时间解决问题

用右端的数字减去孩子或你当前的年龄，或者用你希望问题消失时孩子或你的年龄，减去问题发生时孩子或你的年龄，计算你可以有多少年和孩子一起远离问题，创造美好未来。

3. 创设未来画面

沿着时间轴往前看，描述那个更好的未来画面，即当问题解决、人生步入新篇章时，孩子或你希望事情变成什么样，并将关键词写在便笺上，贴上去。对未来美好画面的描述应尽可能详细。

4. 制定策略

思考在过去的经历中有什么例外，在这些例外中，孩子或你成功地实现了未来画面中的场景，或接近那个场景。一定有，只是需要耐心一点，需要慢下来思考，书写会让你的反思更深入。使用"怎么做到的？""还有呢？"等教练问句，总结例外成功经验，回想具体是怎么做的，并据此制定行动策略，以复制、扩大它们，使例外成为常态。

你还可以请问题消失、目标达成时的孩子或你，给现在的孩子或你提供建议，他很乐意这么做。

4.4 怎么让孩子建构自主目标?

"怎么让孩子建构自主目标?"这是我在工作中被问得最多的问题之一。

让我们咬文嚼字一番。"让"这个词,有以下几种主要意思:责备、谦让、邀请、允许、要求等。

请觉察,当你想"让孩子建构自主目标"时,这里的"让"是哪一种意思?

如果是要求,那么就请记得有关自主学习的悖论困境:当父母要求时,孩子建构目标是被动,不建构目标是逆反,怎么着都不是自主行为,父母怎么都达不成使孩子自主学习的教育目标。

如果是邀请,那么祝贺你,在被邀请的情况下,孩子建构的目标就是自己的,就是自主的,父母就达成了教育其自主学习的目标。

有目标不一定有问题,有问题则一定有目标。当父母觉得孩子存在某个问题时,都是在期待孩子能有一个改变、消除这个问题的目标。例如父母觉得孩子注意力不集中,想要孩子保持专注,这便是期待孩子建构一个有关专注的目标。我们已经清楚地知道,要求孩子保持专注,或要求孩子自主建构有关专注的目标，都会陷入悖论困境——越努力，问题越固着，越用力，孩子越不自主。第2章中教练孩子的技巧、第3章中消融问题的技巧和本章中父母建构自己目标的技巧，都可以应用于邀请孩子自主建构目标。

孩子像是种子，天然就会向上生长，即便没有用语言文字表达出来，目标依然存在。只是这有一个前提：有合适的土壤、合适的阳光雨露的滋养。而孩子合适的土壤和阳光雨露便是父母。

所以，如果父母使用前面的这些技巧，让自己的"绿灯状态"多一些，"黄灯状态""红灯状态"少一些，孩子建构自主目标是不用"让"的，自然就发生了。当遇到某个问题，或没有问题只有目标时，孩子会主动向父母求助或表达，此时父母就可以教练孩子，使其将目标建构得更为清晰。

从"奶茶""秋水无痕"等妈妈的案例中也可以看出，父母都有例外的"绿灯状态"，在例外中都曾经成功地支持、帮助孩子建构目标并解决问题。

所以，如果父母因孩子有问题、没目标而着急，想让孩子建构自主目标，那么请保持觉察，此时恰恰是父母只看到问题而看不到资源的时候，是父母处在"黄灯状态"或"红灯状态"的时候。这种情况下，父母需要慢下来、停一下、等一等，回归自身，自我支持、自我成长，进行自我教练。父母通过自我教练，建构归属于"我的事"的目标，创设目标达成后的成功画面，找到自己成功解决问题的例外，就能很自然地引出孩子的自主目标了。

练一练

建构父母的目标练习单

当父母觉得孩子有一个问题需要解决时，通常就是父母对孩子当下的某个行为、状态不认可，想要改变孩子，事实上就处在"黄灯状态"或"红灯状态"。此时，父母只有先做好"我的事"，建构一个属于自己的目标，才能引发孩子的改变。

请带上笔和便笺，来到沟通区，用舒服的姿势坐在"红绿灯，黑白走"挂图前，并使用以下步骤来建构属于自己的目标，让自己成为解决问题的主要部分。

1. 罗列问题（不想要的）

将你认为的孩子的某个问题的关键词写在便笺上，贴在"你的事"的问题区；如果觉得自己也有问题，也将关键词写在便笺上，贴在"我的事"的问题区。

2. 陈述期待（想要的）

根据孩子存在的以上问题，你期待孩子会有什么表现？注意避免使用"不""不要"等否定词，用正向语言表述。将关键词写在便笺上，贴在"你的事"的资源区——这相当于你希望孩子建构的目标，越详细越好，最好具体到可见的行为动作。例如，你期待孩子好好学习，自问："他做到什么，我就知道他好好学习了？"

3. 提前假设孩子做到了，思考自己改变的目标

提前假设孩子做到了，先不考虑孩子是怎么做到的，只是纯粹假设，思考当孩子做到了，自己会有什么不同，自己会用什么不同的方式对待孩子——这其实就是孩子对父母的期待。将关键词写在便笺上，贴在"我的事"的资源区。如果在"我的事"的问题区有便笺，可以对照思考是否这正是问题的反面。

4. 推测可能的变化，并做出决定

推测当自己发生改变后，孩子会不会发生你期待的改变。如果会（一定会），请做出决定，是继续期待孩子先改变，还是自己先改变？如果是后者，可以汇总成 14 字以内的一句话，作为自己的目标。

第 **5** 章

创设未来：注入希望的魔法棒

5.1 提前假设：激励孩子之前，父母要先自我激励

我在 4.1 节记述了我和黄女士对话的第一部分"建构目标"，我帮助她建构出归属于她自己的目标"让我的心情放松下来"。下面是我们对话的第二部分"创设未来"。

我："你想要达成的目标已经清楚了。我们来假设一下，先不考虑怎么做到，只是假设你的目标达成了，你的心情变得放松，你成功地支持了孩子，使孩子能够快乐地、正常地上学。那时候，你和孩子会有什么不同？"**【创设未来：创设问题消失、目标达成后的成功画面】**

黄女士："孩子会正常上学，每天开开心心出门，开开心心回家，开开心心学习。我也变轻松了，不用请假，不像个救火队员一样来回跑了。"

我："你的情绪或感受会有什么不同？"

黄女士："开心、轻松。"

我："让我们试着来想象一下。早上醒来时，你是开心的、轻松的，你会有什么不同？"

黄女士："哦。我早上一睁开眼睛，感觉心情挺好的，没有那种'唉，又是一天'的感觉。嗯……叫孩子起床的时

候，我很温柔，会亲亲他，抱他一下，不会像现在一样嫌他磨蹭。"

我："你睁开眼睛的时候心情挺好，会温柔地叫孩子起床，亲亲他，抱抱他。还有呢？接下来会做什么？会有什么不一样？"

黄女士："接下来……洗漱，我可能会哼着歌，孩子也会，他本来就爱唱爱跳的。我做好饭，我们一起吃早餐，然后我送他上学。"

我："哇，母子俩哼着歌洗漱，这确实让人感觉到很放松，心情很好。一起吃早餐的时候，你们的互动有什么不同，会说些什么，做些什么？"

黄女士："会说开心的事吧。"

我："比如……"

黄女士："比如，说说做了什么有趣的梦，嗯……问问孩子晚上想吃什么好吃的，要是晴天就说说天气真好。"

我："你们家墙上的挂钟'看到'你们用什么样的语调说这些事情，就知道你们母子俩是轻松的、放松的，心情是很好的？"

黄女士："哦，语调是往上走的。"

我："我注意到你现在的语调就是往上走的，就是这样吗？"

黄女士："哦，我还没注意到。就是这样。"

我："送孩子上学的路上呢？"

黄女士："我会拉着孩子的手下楼，他挺喜欢跟我手拉手的……开车的时候，听轻松的音乐，一起哼歌。不再唠叨他到学校要听老师话，要好好学习，只一起哼哼歌儿。他是个话痨，说起来就没完，我就听着他瞎聊，不打断他。以前我总是觉得说那些没用的干吗，把心放在学习上呀，说说学习的事呀，总想给他讲点道理，给他点压力，让他到学校好好表现。"

我："那是以前的事了，现在呢，目标达成之后呢？"

黄女士："就由着他聊呗，不打断他，附和他。孩子说些鸡毛蒜皮的事儿，想想其实也挺好玩的。"

我："也就是说，听孩子说些鸡毛蒜皮的事儿也能让你轻松一些，而孩子在说的时候也是轻松快乐的。下午呢？下午接孩子放学时，你和孩子的互动又会有些什么不同？"

…………

预测未来的最好办法是创设未来。

在聚焦问题的思维方式里，人们预测未来时往往会提前假设一个可能的糟糕结果，并为此忧心忡忡。特别是当过去和现在还存在这样那样的问题时（人又何曾有过问题从不存在的时候呢？），父母不免担忧如果问题持续下去会带来怎样的结局。为避免未来的不好结果而未雨绸缪，当然是必要的。但如果过度聚焦、关注可能的糟糕结果，势必会让人产生负面情绪、失去力量，进而变得行为失控，想要更加用力地去负责甚至控制孩子的事，这反而真的会让糟糕结果从"可能"变成"现实"。

黄女士和她的孩子陷入暂时的麻烦之中，黄女士担忧问题持续下去情况会更糟糕，这是聚焦问题的思维方式必然会带来的想法和情绪。

但提前假设未来可能出现的糟糕结果，却使黄女士当下更为焦虑、不安，甚至恐惧，使她更急于用力推着孩子改变。这样的情绪状态和教育行为又进一步加大孩子的情绪压力，孩子对上学这件事越发恐惧，肚子疼的身体反应就更为频繁，问题越发无解。

要想解开这样的悖论死结，我们需要从聚焦问题的思维方式中跳脱出来，做另一个方向的提前假设：提前假设问题消失、目标达成的画面。跳出问题视角，开启资源视角。聚焦问题从来解决不了问题，只有资源才能解决问题。当黄女士的"我的事"的资源区中的便笺越来越多，像多彩的旗子在飘扬时，希望、信心和力量便会被唤醒。这会使她放松下来，而当她放松了，她的孩子也就放松了，问题也就解决了。

未来尚未到来，一切皆有可能，糟糕的结局和美好的结局都存在可能性。其实，黄女士对未来也是心怀希望的，认为问题是有可能解决的。如果她觉得问题完全没有解决的可能，就不会做任何努力。她之所以还在做各种努力（且不论有效无效），包括前来寻求教练的帮助，就是因为她心存希望。但可惜的是，她没有暂时停下来去关注内心的希望，而是被对未来可能的糟糕结局的想象所淹没。

既然未来有问题消失、目标达成的可能性，既然内心潜藏着希望，为什么不把它们发掘出来呢？

当这种可能性被一点一点地发掘出来，黄女士对未来的希望、信心和力量就被唤醒了，它们本来就在，只是需要被看见、被激发、被点燃。这是解决问题的关键所在。而且，在想象问题消失、目标达成的画面时，一些解决问题的有效策略也开始浮出水面，这为下一步制定行动策略打下了基础。

父母都知道孩子需要激励，但激励孩子之前请先自我激励。

有一个广为流传的说法，即所谓的73855定律。这个定律说，在沟通中，语言信息起到7%的作用，声音信息（语调、语气等）起到38%的作用，肢体语言信息（面部表情、手势、姿态等）起到55%的作用。也就是说，在沟通中，非语言信息所起的作用占93%。对此，还有另外一个说法，即非语言信息所起的作用占65%。无论精确数据究竟是多少，这些研究都表明，在沟通中，非语言信息更为重要。

在多数情况下，非语言信息更能反映人们的真实状态。我们想知道一个人是不是在说谎，不只要听对方怎么说，还要观察其肢体语言等非语言信息——非语言信息会出卖人。孩子也懂这个道理。有不少孩子跟我说"我妈很假""我爸嘴上说分数不重要，其实心里根本不那么认为"——非语言信息出卖了父母。

由此可见，鼓励孩子不只是语言技巧的问题。如果父母的内心是焦虑的、无力的，即便他们用语言技巧去鼓励孩子，孩子也并不能真的被赋能。而如果父母的内心是淡定的、从容的，事实上，甚至不需要语言技巧，只要看见父母的一个眼神、一个动作，孩子就被激励、被滋养了。

爱孩子之前，先爱自己；激励孩子之前，先激励自己。父母做好"我的事"，自我教练，更多地处在"绿灯状态"，孩子的很多问题便会自动消融，消失于无形。

在第二步"创设未来"中，主要的教练问句有两种——假设问句和奇迹问句，本节介绍假设问句。所谓假设问句，即以假设性语言（"如果""假如""当"）探问自己或孩子在未来（而非过去）某种特定情境下可能的想法与作为，特别是关于得到偏好的结果或达成目标时的情境。

我是如何知道问题已经解决的？

如果我和孩子改变了，我们家的小猫会看到我和孩子在怎么互动？

假如我变得有力量、淡定从容了，谁会感到惊讶？他会怎么说？他会有什么不同？谁会不惊讶？他又会怎么说？

当情况改善时，我第一个注意到的信号是什么？

当问题解决、目标达成之后，在我们家的"经典一天"中，从早上到晚上，每个时刻，每个人会做什么不同的事？大家会怎么沟通？大家用什么表情、什么语调沟通？

假设，只是纯粹假设，先不考虑怎么达成，假设我的目标达成了，有一只蝴蝶落在我家窗口，它看到什么，就知道我是高效能、会教育孩子的"别人家的父母"？

还有呢？

还有呢？

还有呢？

愿景会带来希望，希望带领人们远行。请花一些时间，坐在"红绿灯，黑白走"挂图前，使用这些教练问句，慢一点，沉下去，写下来，创设出细致的未来成功画面，给自己赋能。

5.2 创设奇迹：每个孩子都有无穷的潜能

二年级的小虎（化名）读的是国际学校，学校要求相对宽松，但即便如此，他也经常因为课堂纪律问题被请家长。

在我的工作室里也能看出这孩子有多活泼好动，他随时可能中断与我的对话，跑去捣鼓某个喜欢的东西，妈妈在旁边百般纠正也无济于事。他尤其对工作室摆放的玩偶感兴趣。我请他选一个喜欢的。他选了孙悟空，拿在手里。

我对着孙悟空问："孙悟空，小朋友这么喜欢你，你能说说原因吗？"【因应孩子的兴趣，将其从问题区引领到资源区】

小虎代替孙悟空说："因为我神通广大，能七十二变，能降妖除魔，一个筋斗能翻十万八千里。"

我："取到真经的时候，你好像被封了什么佛？"

小虎："斗战胜佛。"

我："佛很厉害吗？"

小虎："当然了，佛是最厉害的！如来佛法力无边，我都逃不出他的手掌心，在他手指头那儿撒了一泡尿，哈哈哈，还以为跑到天边了呢，其实是他的手指头，哈哈哈哈。"

我："你最后也成佛了？"

小虎："那当然！斗战胜佛！"

我："有点奇怪。"

小虎："有啥奇怪的？"

我："你原来在花果山当美猴王，没人管没人问的，大闹龙宫、大闹阎罗殿、大闹天宫，后来干吗去取经呀？那么辛苦，历经九九八十一难，还一点都不自由。"

小虎："这你就不懂了。之前那是妖猴，你明白吗？妖猴就是妖怪，谁想当妖怪呀？被压在五行山下五百年。五百年，你听听。只能吃那啥……，一动不能动，一点都不好玩。"

我："不当妖怪，去当个佛，很好吗？"

小虎："哎呀，你真是的！佛当然好了。"

我："哦，我好像明白了。从妖猴到佛很不容易的，差不多像个奇迹一样呢。"

小虎："那当然，我是齐天大圣，我就是能创造奇迹。"

我："我有个问题。"

小虎："什么？"

我："假设，你是个二年级的小学生，你也能创造奇迹吗？"**【创设未来：使用奇迹问句，引领孩子创设问题消失、目标达成的成功画面。】**

小虎："小菜一碟。"

我："你现在是个学生，学生呢，要坐在教室听课，得规规矩矩，坐得稳稳当当。可你又像一只猴子，喜欢上蹿下跳，喜欢扭来扭去。你怎么创造奇迹，让自己规规矩矩地认真听讲呢？"

小虎："我入定，我把自己定住，就像定七仙女一样。"

我："哇，你有法力。假设，奇迹发生了，你把自己定住了，老师、同学会看到你跟平时有什么不一样？"

小虎："他们会看到我整整一节课都坐得笔直笔直的。"

我："还有呢？"

小虎："眼睛看老师，不交头接耳。"

我："还有呢？"

小虎："认真记笔记。"

我："还有呢？"

小虎："嗯……举手才发言，不乱接话。"

我："哇，果然不一样了呢。谁会第一个感到惊讶？"

小虎："老师。"

我："她会怎么说？"

小虎："真是个好孩子。"

我："她对你还会有什么不同？"

小虎："她会表扬我，会这么看我，不会这么看我。"他边说边演示两种看人的眼神，一种是赞赏的，一种是生气的。

我："当老师说你真是个好孩子，这么看你的时候，你的感觉会有什么不一样？"

小虎："很自豪！"

我："同学呢，同学会怎么说？"

小虎："他们会说想不到呀，你还真行，你很厉害，很佩服我，觉得我了不得，都喜欢跟我玩了。"

我："妈妈呢？当你做到这些，妈妈对你会有什么不同？"

小虎："妈妈会表扬我，给我买玩具，买好吃的，会抱我。妈妈，你会怎么对我？"

妈妈："就是你说的那样，儿子。妈妈会更爱你，妈妈本来就爱你，你是妈妈的好宝贝。"

我："来，小虎。孙悟空神通广大，念动咒语会让奇迹发生，当奇迹发生的时候，会把自己定住，上课时坐得笔直笔直的，眼睛看老师，认真记笔记，积极举手发言。你做到这些，老师就会用这样的眼神看你，同学都会觉得你很厉害，很佩服你，妈妈会更爱你。这是你想要的吗？"

小虎："是。"

我："做到这些算是满分，满分按 10 分算，你现在已经做到几分了？"【**寻找问题的例外，发掘孩子的内在资源、有效策略**】

小虎："6 分。"

"有 6 分吗？3 分就不错了。"妈妈插话道。

小虎大声抗议："就是 6 分！"

我对妈妈微微摇了摇头，示意她不必计较，继续问："怎么做到 6 分的？"

小虎："老师会批评我，就像唐僧念紧箍咒。"

我："老师的紧箍咒能帮你。"

小虎："会疼，不喜欢。"

我："除了老师念紧箍咒，你还做了什么，让自己达到 6
分？"【寻找归属于"你的事"的有效应对策略】

小虎："我要求自己，对自己说'别动，别动'，可是有
时候还是管不住自己。我不想说这个了。"

我："还有最后几句话就结束了，好吗？就几句话。你要
求自己'别动，别动'，但有时候还是管不住自己，就像取经
路上有妖魔鬼怪在捣乱，在干扰你一样。"

小虎："对对对。"

我："当你要求自己'别动，别动'，有时候会被妖魔鬼
怪捣乱，做不到，但这只是有时候，那说明你有些时候还是成
功打败了妖魔鬼怪，是这样吗？"

小虎："是的。"

我："怎么做到的？"

小虎："我就再要求自己'别动，别动'，一遍不行就两
遍，两遍不行就三遍。"

我："你已经创造了 6 分的奇迹，如果想要做到 7 分，你
会做点什么不一样的？"【引发一小步的改变】

小虎："我会说'孙悟空显灵，定'。"

我："发出声音还是心里默念？"

小虎："当然是默念，愿望让别人听到就不灵了。"

我："接下来的一个月，我们只需要做到 7 分，只需要进步一点点，不用做到更多。这很重要。孙悟空取经也是一个妖怪一个妖怪地打，不是一下子飞到大雷音寺的。好吗？"

小虎："好的。"

我："你一定会做，对吗？我们要拉钩吗？"

小虎伸出手指，我们"拉钩上吊，一百年不许变"。

几天后，小虎妈妈打来电话，说："阿托老师，神了！小虎这几天每节课从头到尾都很规矩，老师都不敢相信。"

焦点解决对孩子有一个基本假设，我们相信所有的孩子都有以下愿望。

· 希望父母以他们为荣。

· 讨父母与其他成年人的欢心。

· 被接纳，成为他们生活中社会团体的一分子。

· 学习新事物。

· 参与活动，并在参与活动时被其他人接纳。

· 让别人感到惊喜，自己也会感到惊喜。

· 表达意见与选择。

· 有机会可以做出自己的选择。

假如孩子的行为背离了这些基本假设，我们倾向于认为他不是不想要，而是失去了力量，觉得自己要不到。如果他看到希望，就会自然而然地与父母和老师合作，并奔向父母、老师和他自己共同想要的美好未来。

在与小虎的对话中，我使用了奇迹问句。奇迹问句原本是针对成年人发展出来的，比假设问题更能唤起希望、信心和力量，当然也需要更多的想象力。孩子从来不缺想象力，他们天然喜欢奇迹问句。

来，孩子，发挥一下想象力，你一直有很强的想象力，不是吗？"你的事"的红绿灯是一个神奇按钮，按下它，奇迹就会发生。

你刚才说想要打败拖拉磨蹭这只小怪兽，做事变得麻利。有一位善良的仙女看到这位小朋友这么努力，非常感动，要施展魔法帮你实现这个愿望。愿望实现后，仙女会看到你早上起床的时候是什么样的？写作业的时候呢？

你想要坐姿端正，专心听讲，克服扭来扭去的缺点，捷德奥特曼决定跟你合体，一起战胜困难达成目标。老师看到你在课堂上的什么表现，就知道你和捷德奥特曼合体了？哪位小朋友会第一个发现你竟然能跟捷德奥特曼合体？他会跟你说些什么？如果他想让你帮他也拥有这样的超能力，你会怎么教他专心听讲？

还有呢？

还有呢？

还有呢？

5.3　超越奇迹：让奇迹提前发生

焦点解决短期治疗心理学家茵素·金·伯格和特蕾西·史丹纳为儿童和青少年设计了一些有趣的游戏，可以让孩子与父母在游戏中超越奇迹，让奇迹提前发生。

抛硬币

多数孩子都喜欢这个活动。有些孩子起床后做的第一件事就是抛硬币：如果是正面，就要做一件秘密、新奇的事；如果是背面，就要像平常一样做事。

父母根据孩子一天的表现来猜孩子抛到了正面还是背面，要告诉孩子一定严守秘密。这个游戏可以持续一周，直到孩子失去兴趣。

也可以调换角色玩，由父母早上抛硬币，规则相同，请孩子猜。

孩子喜欢让父母感到惊喜，父母也需要通过练习来发现孩子的例外。在抛到正面的日子，孩子制造惊喜，主动表现正向行为。在抛到背面的日子，孩子像平时一样表现，但父母因为事先不知道，就会用资源视角去搜索孩子的正向行为，就会发现平时未曾注意的例外。这样的练习，对习惯于采用问题视角的父母而言，帮助很大。

孩子年龄稍小的话，可以让一位家庭成员（如爸爸）做"裁判"，早上见证孩子抛硬币，与孩子"秘密"协商做哪些事让其他家庭成员（如妈妈）感到惊喜，晚上在谜底揭晓时则做"公证人"。父母也可以故意说一些孩子不是刻意做出来的正向行为，故意输给孩子，这样既能让孩子乐于继续游戏，又能让孩子重新定义自己——"我原来那么棒！"。

奇迹日

与孩子讨论完奇迹的细节之后，让孩子选择哪一天让奇迹发生，这一天为"奇迹日"。"奇迹日"不可以用抛硬币或其他随机的方式决定，而是直接选定，如周二。

在这个特殊的"奇迹日"，孩子必须假装已经解决了问题，如"听课注意力不集中"。孩子的任务是，找出有谁注意到"奇迹已经发生"。请孩子观察这个（些）人对自己会有什么不同，因为这些不同，孩子自己的情绪、感受、行为又有什么不同。

这个假设游戏可以提供生活上的真实体验，让孩子有机会"窥看"问题解决后的情形，体验到当他变得不同时，他的人际环境和自身感受会变得更友好，而不必坐等奇迹发生。

处在"黄灯状态"或"红灯状态"的父母也可以做这个游戏，并观察当自己变得不同时，孩子会有什么不同，体验自我改变会引发孩子怎样的改变。

惊喜的拥抱（或其他惊喜）

这个游戏有一个专业而拗口的说法——"类型遮断"，对于"想不出还能怎么办"的受挫父母是非常有效的练习方法。父母不必坐等孩子改变，而是可以主动帮助孩子加速其改变历程，也就是说，这是一种快速解决问题的方法。

玩法是，父母拥抱孩子，对孩子说："乖孩子，你今天的做法让我很开心，很欣慰。"说完之后就转身离开。孩子如果感到惊讶不解，父母不要大惊小怪，微笑即可。如果孩子想知道为什么被拥抱，父母可以说："这是秘密，有一天你会知道的。"然后改变话题。

除了拥抱之外，父母也可以用便笺写下类似的话，贴在孩子容易看到的地方。

当父母对孩子的行为做出固定的习惯性反应，如批评、指责、惩罚、讲道理等，会让孩子无法了解自己的行为。但如果孩子获得意外的拥抱或发现意外的留言，又不知道真正的原因，就只能用正面方式思考父母的行为，并寻找最近完成的一些好事的例外成功经验。然后，孩子会寻找其他的成功情境，并愿意主动处理其他问题，希望得到更多的拥抱。

神奇 5 分钟

跟孩子约定，每天花 5 分钟与孩子全情相处。这 5 分钟不可瞻前顾后，不可依心情而定，也不能被手机、电视、工作、家务干扰。

这 5 分钟内，父母应尽情陪伴孩子。活动内容建议听取孩子的想法。孩子通常会想出绝妙的主意：讲笑话、画画、玩扑克、玩枕头大战等。

妙妙袋

孩子与父母分别在纸上写下 5 个愿望，分别装进袋子（简单的纸袋即可）里，然后互相交换。父母和孩子每周各拿出一个愿望，而且必须在这周内帮对方实现。注意，父母与孩子写下的是"愿望"，而不是"命令"。

练一练

创设未来练习单

预测未来的最好办法是创设未来。问题消失、目标达成的未来画面会给你希望、力量和信心。

请带上笔和便笺，来到沟通区，用舒服的姿势坐在"红绿灯，黑白走"挂图前，并使用以下步骤来创设你想要的未来成功画面，为自己赋能，使自己拥有更多"绿灯状态"，滋养自己，滋养孩子。这需要一些想象力，而你并不缺乏，让自己沉下来，让它慢慢浮现。

（1）看看在上一章的建构父母的目标练习单中所建构的属于自己的目标，在便笺上写下来，贴在"我的事"的资源区。

（2）使用"假如……""如果……""当……"开头的教练问句，先不考虑如何做到，只是纯粹假设你做到了，想象当你做到时，你会有什么不同？

（3）从时间的维度，想象你日常的"经典一天"中，当问题消失、目标达成时，从早上醒来到晚上入睡，每一个时间段里你会是怎样的？

（4）从人的角度，想象当问题消失、目标达成时，你的感受、情绪、想法、做法、说法分别会有什么不同？

（5）从系统的角度，想象当问题消失、目标达成时，你的孩子、伴侣、父母、同事、朋友会怎么发现你的不同？他们分别会看到什么，会跟你说些什么？他们会因你的不同而发生什么变化？你们的关系会有什么不同？你不妨使家里的小猫、小狗、挂钟、绿植等拥有全知视角，从它们的视角看看你和孩子、家庭会发生什么变化。

（6）每想象出一个画面，就用便笺记录关键词，贴在"我的事"的资源区。

第**6**章

制定策略：小改变带来大不同

6.1 寻找例外，父母都能成为解决自己家庭教育问题的专家

与黄女士的对话，在建构目标（见 4.1 节）、创设未来（见 5.1 节）之后，本节呈现第三部分——制定策略。

我："你所创设的目标达成时的画面真的非常美好。如果把这样放松的情绪状态设为 10 分，完全相反的情绪状态是 1 分，你给自己当下的情绪状态打几分？"**【使用刻度尺问句，寻找问题的例外，发掘妈妈的内在资源、有效应对策略】**

黄女士："只有 3 分。"

我："为什么是 3 分？"

黄女士："因为我太焦虑了。孩子每天上学都闹肚子疼，我又心疼又生气，要是这样下去……"

我："是的，妈妈爱孩子，希望孩子好，难免会有这样的心情。我想重复一下我的问题。面对这么不容易的局面，你还有 3 分的情绪状态，这是很难得的。这 3 分里有什么？你是怎么做到的？"

黄女士："哦……有时候我会劝自己：孩子还小……总会有办法的。"

我："这句话非常有力量。我试着理解一下，你是说孩子

还小，有的是时间，只要去找，总会有办法支持他的？"

黄女士："嗯。孩子还小……再说了，孩子其实比大人皮实。有时候我的情绪还没恢复，人家就没事了。"

我："这是妈妈对孩子的信任。这种信任，会让自己轻松一些。当孩子感受到妈妈是信任他的，会有什么不一样吗？"

黄女士："当然不一样。我要是总是担心他，他也会担心自己，会更害怕上学。"

我："说说你在相信他的时候做了什么。"

黄女士："我会抱抱他，跟他说'没事，有妈妈呢'。"

我："这是一幅很温馨的画面呢。"

黄女士："这么一说，我想起来了。中间有几天他没耽误上学，没闹肚子疼，好像我当时就是这样做的。那之前的几天，我把他接回家，没着急，陪他玩，跟他聊天，抱了抱他。"

我："多说一些。"

黄女士："就这些吧，就是跟他说没事，会过去的，总有办法的。然后他玩他的，我干干家务。他玩腻了，看看书，我们聊天，聊那些小孩子鸡毛蒜皮的事儿。他说，我听，可开心了。"

我："这是 3 分里的一部分，对吗？你是怎么做到的？"

黄女士："我接他的路上就想，急也没有用。可能就是我平时给他的压力太大了，不如放松一些。再说了，好在他现在才读小学三年级，要是初中三年级、高中三年级，那可就完蛋了。"

我："急也没有用，而且现在也没有到火烧眉毛的时候，就像你刚才说的，有的是时间。"

黄女士："是呀，早出问题早调整，现在船小好调头，说不定因祸得福呢。自我安慰呗。"

我："还有呢？你还做了什么让自己达到 3 分？"

黄女士："深呼吸。"

我："深呼吸是调整情绪的经典方法。还有呢？"

…………

我："我注意到你成功地调整了自己的想法，相信总会有办法的，相信孩子是皮实的，有自我调整能力，看到还有的是时间可以从容去做，等等。这些不同的想法让你放松了下来。你也调整了自己的说法，告诉孩子没事的，有妈妈在；还调整了自己的做法，深呼吸，抱孩子，跟孩子轻松地聊天，陪他一起玩，等等。现在是 3 分，你就做了这么多，而且有几天成功地支持了孩子正常上学。如果再多 1 分的话，在目前的基础上你会多做一点点的是什么？"**【引发一小步的改变】**

黄女士："早上起床先深呼吸，想想自我安慰的话，调整一下自己的状态，放松一些，叫孩子起床的时候抱抱他……反正得自己先放松下来。"

教练对话结束时，我和黄女士约定下周的同一时间进行第二次对话。但第二周、第三周黄女士都没时间，第二次对话是在第四周进行的，中间差不多隔了 20 天。

我们不在一个城市，进行的是线上的远程视频对话。当黄女士再次打开摄像头时，我看到的是一位光彩照人的女士——化着精致的妆容，满面微笑。这让我瞬间有些恍惚，因为这次的黄女士和上次的大相径庭，简直不像是同一个人。

我告诉了她我观察到的，问她发生了什么。她笑意盈盈地说："没事了，孩子去上学了，再也没有闹过肚子疼"。

我问她是怎么做到的。她说："上次对话后，我再次出现焦虑情绪的时候，就想起您让我给自己打的分，想起您反复问我那几分里有什么，就那么想着想着，心情就放松了一些。我也用了您教我的方法。然后，不知道怎么回事，他就没事了！"

我恭喜了她，并赞叹她惊人的自我教练能力，同时也纠正了她的一个说法，我说："那些方法不是我教你的。还记得吗？那都是你自己想出来的，我只不过做了提问的工作。"

在第一次对话中，第一步，我们建构出了归属于黄女士自身的目标；第二步，我们创设出问题消失、目标达成时的成功画面，黄女士自身的希望、信心和力量被唤醒和激发；第三步，我们一起找出她曾经有效解决问题的例外，找到了她自己解决问题的策略。

凡事皆有例外，例外就是问题解决之道。

在那样的例外时刻，黄女士用自己的方法较好地自我支持、自我赋能，调整了自己的情绪状态，让自己脱离焦虑，放松下来，并和孩子有效互动，帮助孩子成功克服了上学肚子疼的问题。对她而言，这就是解决问题的有效策略，这就是黄女士的家庭教育效能之所在。请注意，这样的例外时刻里，她其实就是教练型父母，就处在"绿灯状态"。

每个人都有足够的内在潜能，都有足够的解决问题的资源。父母都或多或少地处于教练孩子的"绿灯状态"，只是自己常常意识不到。当父母满眼都是问题，而看不到自己和孩子的内在资源时，就会变得忧心忡忡、焦虑不已。这时候，我们说父母处在"黄灯状态"或"红灯状态"。

当教练与父母沟通时，教练的职责就是激发、唤醒父母的潜能，找到父母的例外"绿灯状态"，并让父母有意识地进行复制、扩展，使之由例外变为常态。父母逐步习得自我教练的思维和技巧，学会自我关爱、自我支持、自我赋能，同时也自我改变、自我负责、自我成长，便成了解决自己家庭教育问题的专家。

教练对话的过程，就是教练通过提问，引发被教练者的反思的过程，就是被教练者在教练的陪伴下自我教练的过程。成功的教练结果，是被教练者逐步习得自我教练的思维模式和技巧，离开咨询室、回到生活中后仍能够自我教练。成功的教练过程，就是教练逐渐不再被需要的过程。教练是为了不教练，教练是为了有一天被教练者能自我教练。

其实，父母教育孩子的过程也应该是这样。教育是为了不教育，教育是为了有一天孩子能自我教育。父母成为教练型父母，使用提问的方式，引发孩子的自我反思、自我赋能、自我激励，就是为了协助孩子自主做好"你的事"，自主学习、自主成长，独立走向属于他自己的人生。

6.2 寻找例外，重构孩子的生命故事

罗燕平老师是福建龙岩一中的教师，她是以妈妈的身份来参加团体家长课的，学习之后，不但更好地支持了自己的孩子，还用教练技术帮助了很多学生。下面是罗老师的文字，记述了她是如何教练一位丧失信心的学生成功应对高考的。

在3年之中，我和学生小杨（化名）有过3次较为深入的对话，其中第三次发生在高考第一天数学科目考完之后。

我们学校的学生在二中考点考试，所有的学生都走了，我和小杨的班主任、数学老师最后离开休息点。走出休息点大门，我看到小杨站在树下，看起来精神很差。他是走了之后又回来找我们的。

他的第一句话是："老师，我明天没办法继续考试了，我今天把数学考砸了，做前面的小题花了太多时间，后面的大题没有一道能完整做出来，考数学的时候我的生理、心理都承受不了了。"看着他的状态，我们几位老师真的是既心疼又着急。【学生、老师双双处在问题区，"黄灯状态"或"红灯状态"】

先是数学老师开导他："从其他同学反馈的情况来看，今

年的数学卷，你这样的处理方式是对的。"

然后我们边走边聊，我们希望他能将情绪发泄出来，比如好好哭一场，可他哭不出来，就是压抑着。在考点门口，我们看到所有的学生和家长都已回家，只剩他父亲一个人坐在摩托车上等他，他父亲看到他，也是满面愁容。跟他父亲简单交流后，我建议由我和班主任陪他一起走回学校。

在我也不知道要怎么开导他的时候，我突然想到"能战胜你的只有你自己"这句话。我知道我能做的就是帮助他看到自己内在的力量，让他有力量去战胜困难。**【罗老师自我调整，进入"绿灯状态"】**

于是我跟他说："小杨，感谢你离开了又回来找我们，谢谢你对我们的信任。我知道你当下遇到的困难对你来说是个很大的难题，但我也知道这并不是你第一次遇到这样的困难，对不对？"

他点头。

我继续问："在你的求学历程中，你已经无数次遇到这样的困难，也无数次想要放弃，可你最终都走过来了，那你之前是怎么走过来的？"**【使用应对问句，寻找问题的例外，发掘学生的内在资源，唤醒力量】**

他若有所思，但没有回答。

我继续说："以前的每一次，都是你自己勇敢走过来的，对不对？那么，这一次，我也相信你有足够的力量可以战胜它，勇敢地跨过去。"

他用力地点头，回应我："嗯！"

然后我又问他："其实在你的心里，你并不想放弃，对吗？如果你真想放弃，我想你不会回来找我们。你回来找我们，就是你在寻找办法去战胜困难，对不对？"【建构归属于"你的事"的目标】

听到这里，他突然大声哭起来，并用力回答："老师，是的。"

我说："在刚才看到你的那一刻，我就知道你不想放弃，我感受到了你内心的渴望，那里有一个强烈的声音在说'我不想放弃'。小杨，你是有力量的，我想你自己也感受到这股力量了。"

他又用力地点头。

在他哭出来、将积压在心中的情绪释放出来后，我们能明显感觉到他轻松了很多。

其间，我让他想象一下嫩芽破土而出的画面。"我们能看到的是嫩芽长出来后的状况，但它还在土里的时候我们是看不到的。其实嫩芽在破土前可能遇到巨大的阻力，它上面可能是一块石头，也许在我们看来只是一个小石子，但对一棵嫩芽来说却可能是一块巨石。可嫩芽不会放弃，当它没有力量直接推开那块石头的时候，它会转一个方向，绕过那块石头再向上生长。所以我们经常看到刚破土的嫩芽是弯弯曲曲的。"

【创造性地使用隐喻，引导学生创设问题消失、目标达成的成功画面】

我们一边想象着这样的画面，一边感受着生命成长的力量。我告诉他，我从他身上也感受到了这种力量，很强烈。

在快走到学校门口的时候，他说他要给父亲打电话，告诉父亲他要在学校上晚自习。然后我陪他去吃饭，他要了一碗面条，我跟他边吃边聊。

我问他："你有没有感觉到高中 3 年你自己的变化、进步？"

他说："有，以前我根本不敢跟老师说话，跟同学都很少说话，现在我可以了，我能感觉到自己进步了很多。"

我说："我一路看着你成长，真的特别感动，感谢你让我有幸见证你的成长，我也相信你未来一定会更好。"

最后，他顺利考完了所有科目，取得了历史类 603 分的好成绩，并被华东师范大学录取。

高考后他对我说："我是一个非常内向的人，非常幸运能遇到罗老师，您能够理解一个孩子的紧张，能在一个孩子语无伦次时给予他鼓励和支持。一个人话语中的真诚和关切是可以被感受到的，它胜过程式化的回复和敷衍，也更能给予学生前进的力量和信心。说实话，我也记不清那时您具体说了什么，但当我回想起那时的情景，依旧为之感动。直到现在我依然不能打包票说自己是个自信的人，但我能感受到自己比以往更有勇气和力量。"

罗老师口头讲述这个故事，是在某期"红绿灯亲子沟通法"父母课堂的最后一节课上，当时，讲者和听者都眼含热泪。

罗老师与小杨的对话中，包含"红绿灯亲子沟通法"的全部3个步骤，并且罗老师还创造性地使用了一个隐喻——嫩芽克服重重障碍，坚韧成长，来帮助小杨创设未来的成功画面。

每个人每天都在讲故事，讲自己的故事，讲身边人的故事，并以此来建构自己的生命历程。小杨也在给自己讲故事。开始时，小杨用负向因素给自己讲述了一个关于自己的故事——一个"失败者"的故事。这让他的生理和心理都达到了难以承受的极限，以至于他觉得无法继续后面的考试。

后来，在罗老师的协助下，他又重新讲述了一个故事，还是他自己的，还是那些情节，但那些情节经过重新阐释，有了新的意义。故事的主人公因此换了新的形象，故事的结局也有了截然不同的走向。

关键的转折点在于罗老师的教练问句："在你的求学历程中，你已经无数次遇到这样的困难，也无数次想要放弃，可你最终都走过来了，那你之前是怎么走过来的？"

小杨若有所思，并没有回答。但从这个问句开始，小杨自己的故事已经在改写：从一个"失败者"的故事，改写为一个"经历无数次失败和困难，仍然一次次战胜它们的顽强战士"的故事。在两个故事里，主人公小杨的身份发生了截然不同的变化：一个是脆弱的、无望的、无力的"失败者"，另一个则是百折不挠、屡挫屡起、打不垮、击不退的顽强战士。

小杨告诉老师们自己要放弃高考，这个行为当然可以解读为"临阵脱逃"——也许小杨就是这么想的。但罗老师重新阐释了它。罗老师说"你回来找我们，就是你在寻找办法去战胜困难"——她把问题转换成了小杨的目标。于是，小杨内心的渴望和力量进一步被发掘，积压在内心的负面情绪释放之后，这位少年的力量就被完全唤醒了。再加上后面的沟通，他后续的行为也因此有了很大的不同，小杨的生命故事走入了新篇章。

罗老师和小杨的故事，让我无端地想起张爱玲的那则短短的散文《爱》中的一段话：

于千万人之中遇见你所遇见的人，于千万年之中，时间的无涯的荒野里，没有早一步，也没有晚一步，刚巧赶上了，那也没有别的话可说，惟有轻轻地问一声："哦，你也在这里吗？"

说无端也并非无端。罗老师和小杨的这场对话持续了多长时间呢？不过一小时左右而已。但这一小时左右的对话，却成为这位少年人生中的一个关键转折点：孩子于千万人之中，在时间的无涯的荒野里，一定会遭遇挫折、困难、失败，甚至感到无望，在这样的关键时刻，有一位教练型的父母或教练型的老师，没有早一步，也没有晚一步，刚巧就在那儿，并轻轻地向他发问，他的生命因此而变得不同。

愿你也成为这样的父母，在孩子需要的时候，没有早一步，也没有晚一步，刚巧就在那儿，并轻轻地向他发问。

6.3　重构孩子生命历程的 3 种教练问句

孩子不爱学习怎么办？

孩子学习没目标怎么办？

孩子学习时粗心马虎怎么办？

孩子学习自制力差怎么办？

孩子偏科怎么办？

孩子学习时依赖父母怎么办？

孩子对学习有抵触情绪怎么办？

孩子玩手机不学习怎么办？

孩子写作业磨蹭怎么办？

孩子专注力差怎么办？

孩子上课不认真听讲怎么办？

孩子不喜欢阅读怎么办？

…………

很多父母被上面的诸多问题所困扰，因此而忧心忡忡，因此上下求索，非常努力地想要解决问题，以至于陷入越努力越不济、越用力问题越固着的悖论困境。

到这里，本书已接近尾声，是时候揭晓简单高效地解决问题的秘诀了：跳出陷阱最好的方式，是一开始就不跳进去。

我们可以更直白地说，以上所有问题本身就是陷阱。

人们在问任何一个问题时都有一个前置假设。这个前置假设在未经觉察时隐而不见，但却决定着问题的走向以及解决方案的走向。

当父母问"孩子不爱学习怎么办？"时，有一个隐而不见的前置假设：我的孩子是个不爱学习的人。

可真正的问题是，这个前置假设是真的吗？有没有例外呢？如果有例外，"我的孩子是个不爱学习的人"这个假设还成立吗，或者说还能 100% 成立吗？如果它本身就不成立，父母还有焦虑的理由吗？

小杨因为他数学科目考试时出现的问题，有了"我明天没办法继续考试了，我今天把数学考砸了"的念头。这个念头并不致命，致命的是这个念头的前置假设："我搞不定困难的局面""它会打垮我"。这个隐而不见的前置假设才是罪魁祸首，它让小杨在生理和心理上都难以承受。

数学老师从数学专业的角度告诉小杨，说他的应对方式是对的，这会起一定的作用，但还不够，原因就在于这没办法打破小杨的前置假设。

罗老师做的则是解构和重构，在更前一步的位置，把小杨的前置假设中的问题本身给解构掉，让问题本身无法成立。她用的是寻找例外的 3 种教练问句中的一种——应对问句："在你的求学历程中，你已经无数次遇到这样的困难，也无数次想要放弃，可你最终都走过来了，那你之前是怎么走过来的？"

这个问句首先解构了困住小杨的前置假设——"我搞不定困难的局面""它会打垮我"，同时还进行了重构，让小杨反思在过往经历中他有多少次成功地搞定过困难的局面，成功地战胜过挫折与失败。

射人先射马，擒贼先擒王。"凡事皆有例外，例外就是问题解决之道。"这句话之所以有威力，不只是因为它能提供解决问题的方法，更在于它提前一步将问题消融于无形，让资源或优势露出头角。

"孩子没有目标怎么办？"

——"有没有例外？"

如果有（一定有），那么，这个问题本身就是假问题，本身就不成立。有例外，这个问题就变成了"孩子是个有目标的人"，至少是"部分时间里有目标的人"——几乎所有人都在部分时间里有目标。所以，孩子没问题，反而有资源。当父母进一步好奇孩子在何种情况下有目标，将问题不存在、问题较轻或问题轻那么一点点的场景复原，找到其中的有效因素，将之复制、扩大，问题就解决了，或者可以说问题从来没有出现过——除非你一开始就把它定义成问题。

同理，"我们不会教育孩子，怎么办？"

——"有没有例外？"

如果有（一定有），这个问题本身就是假问题，本身就不成立。有例外，这个问题就变成了"我们是会教育孩子的父母"，至少是"在部分时间里是高效能的父母"——而所有的父母都是在部分时间里保持高效能，没有任何一对父母能在所有时间都保持高效能。所以，父母也没问题。此情此景之下，父母再进一步好奇自己在何种情况下有恰当的教育方法，将问题不存在、问题较轻、问题轻那么一点点的场景复原，找到其中的有效因素，将之复制、扩大，问题就解决了，或者可以说问题从来没有出现过——除非你一开始就把它定义成问题。

在"红绿灯亲子沟通法"所依托的焦点解决的技术中，有 3 种问句可帮助父母寻找例外，并据此解构问题、建构资源、制定策略。

例外问句

例外问句引导父母自己或孩子看到问题不出现或不严重的场景，以及探讨这些场景是如何出现的，以开发过去成功的解决之法并判断可否运用于现在。其中，特别值得看重的是可能达成自己或孩子目标的相关例外。

例外问句促使父母自己或孩子有意识地注意与参考自己过去成功的解决之法，而让父母或孩子从注意问题的严重性转为思考问题解决的可能性与具体策略，进而提升其自信心与效能感。

问题何时不存在、较轻或轻一点点？怎么做到的？

孩子听课有没有专注的时候？当时发生了什么？怎么做到的？多做一点会有什么不同？我怎么支持孩子多做一点？

　　孩子总是厌学吗？有没有例外？有没有孩子主动写作业，写作业的过程中无须我催促就主动思考的时候？当时发生了什么？我们是怎么互动的？家里的氛围是怎样的，以至于成功支持孩子主动学习？我和孩子怎么复制它们？

　　对于教育孩子，我感到焦虑。在遇到问题时，我有没有放松的时候？我是怎么成功帮助自己放松下来的？谁在那个时候帮助了我？在这个基础上，我可以多做一点的是什么？

　　还有呢？

　　还有呢？

　　还有呢？

刻度尺问句

　　刻度尺问句以 1 分至 10 分的量尺，帮助父母或孩子对自己的行为或状态进行评量。父母可以将大的愿景或正向目标置于 10 分的位置，自问或询问孩子分别给目标和现状打多少分，以及对照两者的差异，进而询问现在与再进 1 分后的不同以及再进 1 分的方法，如此既可自助或帮助孩子判断限制，又可进而探讨如何推进一小步的改变。

　　亦即，刻度尺问句可将父母或孩子的愿景转化为可具体操作的步骤，或者将父母和孩子的感受、态度、动机与想法等抽象概念转变为具体的量化资料，以做到自我澄清，以及表达与接纳难以言喻的内在状态与目标，也可以用于自助或协助孩子评估自身已经拥有的资源、改变的进展，或者进行安全与危机的评估。

以 1 分到 10 分评价，10 分是你刚才说的奇迹发生后你能专注地听课的样子，1 分则完全相反，那么你觉得现在自己在几分的位置？

以 1 分到 10 分评价，10 分代表我能淡定从容地教育孩子，处在"绿灯状态"，1 分是完全相反的状态，我给现在的自己打几分？

你何以是这个分数，而不是更低的分数？

若再进 1 分，跟现在会有什么不同？

我（你）觉得需要做些什么，才能再进 1 分？

有没有比这个分数更高的时候？怎么做到的？

在什么情况下，才可以给自己打一个更高的分数？

还有呢？

还有呢？

还有呢？

"红绿灯，黑白走"的每一个资源区都标有 1 分至 10 分的刻度尺，父母和孩子可以更直观地使用它，来度量并发掘内在资源。孩子通常对"内驱力""学习态度""自信心"等抽象概念不知所云，但他们往往对数字更加敏感。

在判定分数方面，没有标准答案，也不必有标准答案，父母根据自身或孩子当下的感受进行即可。刻度尺问句的作用不在于"准确"地反映现状，而在于发现例外、发掘资源，并据此形成解决问题的策略。所以，如果孩子给自己当下的学习状态打6分，而父母觉得3分更准确，实在没有必要为此而争执。这时候，知道自己"想要的是什么"很重要。使用刻度尺问句，父母想要的是发掘孩子的资源，激发孩子的信心和动力，所以重要的是寻找这个分数里"有什么"以及"如何再进1分"，而不是纠结这个分数"对不对"。

应对问句

父母可以采用应对问句，自问或询问孩子一些很小的、被视为理所当然的行动是从何而来的，特别是自己或孩子针对问题情境的自发应对与处置方法。应对问句能在自我赋能或支持孩子的感受的同时，引导父母或孩子看到已经发挥的能量与实现的小成功，以及让自己走过困境的有效方法。应对问句亦可让父母或孩子确认自己能够持续承受或对抗此种困境的种种优势，而暗示父母或孩子值得去讨论既存的隐含的自发力量，而减少被困境击垮的挫折感。

这一年，你的成绩排名靠后，你一定承受着很大压力，在这种情况下，你是怎么做到还能去上学并努力完成学习任务的？

对同桌的行为，你明明很生气，却只是跟他争吵，没有像以前那样动手打人，你是怎么成功管理自己的情绪的？

上台演讲前，你说自己很紧张，可是即便在这么紧张的情况下，你仍然一次次走向演讲台，完成了任务，你是怎么做到的？

在这么不乐观的情况下，你是怎么做到没有放弃的？

孩子的成绩不理想，家里经济状况不如意，我是如何做到还能每天去上班，并想尽办法教育孩子的？是什么力量支撑着我走过来的？这么不容易，我和孩子是怎么熬过来的？

背英语单词很难，可你第二天还在接着背，这背后是什么力量在支持你？

孩子的行为让我很生气，让我恨不得揍他一顿，但我没有动手，我是怎么管理自己的情绪的？如果我多做一点，会有什么不同？

还有呢？

还有呢？

还有呢？

6.4 复盘：用一小步改变引发滚雪球效应

实践表明，父母使用"红绿灯亲子沟通法"来自我教练或教练孩子，迅速改变是可能的，但它并不追求迅速改变，而是追求一小步的改变，并以此引发滚雪球效应，最终引发大的改变。或者说，也许正是因为焦点解决秉持慢就是快的原则，追求小改变，才使迅速改变有可能发生。

成功需要一小步一小步地积累，不同的人改变的曲线不尽相同，有些人是跳跃式前进的；有些人则是螺旋式上升的；有些人如登台阶，一步一步地往前；有些人则进两步退一步，或进一步之后，需要很久才能再进一步。

对于改变来说，阻力之一或许就在于追求快。第5章中的小虎就是一个例子。对话结束时，我叮嘱小虎妈妈说，接下来一个月的进步目标是小虎的课堂专注力提升1分即可，不要贪多求快，并请她把这个意见转达给老师。

几天后，小虎妈妈打来电话时，连呼"神了"，小虎几乎发生了180度的大转变，连续几天都是整节课都专注地听讲。我更加小心地告诉小虎妈妈说，这很难保持，不出意外的话，下周他的状态可能会回落，但请切记一个月内的既定进步目标是从小虎眼里的 6 分提升到 7 分，或者从妈妈与老师眼里的 3 分提升到 4 分。小虎在激励之下非常努力，迅速达到了将近 10 分的程度，但我请他的妈妈和老师仍然用提高 1 分的标准来考核孩子的进步，而不是改用 10 分的标准要求孩子。

即便如此，第二周，我再次接到了小虎妈妈的电话，她说老师抱怨小虎"又开始不专注了""做事就是虎头蛇尾，三分钟热度"。我在细问之下发现，比起小虎的起始状态，第二周他仍然在进步，只是比起第一周的超常发挥有回落而已。

妈妈和老师进行了沟通，同意用进步 1 分的标准度量小虎在专注力方面的进展，这避免了小虎面临新的指责风暴，最终协助小虎取得了稳步的提升。

在制定策略、开始行动之后，定期复盘以跟踪进展很有必要。"红绿灯，黑白走"挂图上的刻度尺可以帮助父母和孩子度量进步情况。复盘时，面对的情况无非 3 种：进步、原地踏步和退步。

用放大镜寻找进步迹象

改变一直在发生。任何人、事、物都不会一直保持原貌。这个世界上唯一不变的就是变化。

质疑改变、看不到进步发生并因此而焦虑、恐慌或重新开始指责、批评，往往才是使事情难以改变的阻力。

所以，有效的问句不是"有没有改变？""有没有进步？"，而是"我如何发现改变和进步？"。

问题场景之中尚有问题不存在、问题较轻、问题轻一点点的例外，这本身就是改变一直在发生的证据，何况父母和孩子已经在建构目标、创设未来和制定策略了。

在复盘时，使用的教练问句通常仍然是例外问句。

这一周取得了哪些进展？

这一周我（你）发生的一点点变化是什么？

制订行动计划后，什么时候表现得比较好？

我这周的情绪管理在什么时候可以多得1分？

你在专注听讲方面取得的一点点进步是什么？

过去的一周，你做数学题时，有哪几天感到更有信心一点？

这些有效经验怎样在下一阶段多用一些？

还有呢？

还有呢？

还有呢？

原地踏步时怎么办？

首先说，所谓的原地踏步只是一种笼统的感觉，可能只是人们在急于追求更大的改变而没有实现时所产生的感觉而已。

即便是这样，原地踏步仍然有很重要的价值。我们要知道，无论是父母的自我成长还是孩子的学习与成长，都是逆水行舟，不进则退。维持原状、原地踏步也需要做很多有效工作才能做到。

孩子在上学期期末和本学期期末数学都考了80分，父母今年和去年的总收入都是10万元，从数值上看好像没有进步，但如果因此抹杀每个人在这期间所付出的有效努力，实在太不公平。

虽然都是5分，本周的5分跟上周的5分有什么不同？

逆水行舟，不进则退。我（你）做了哪些有效的努力才保持了稳定？

这些有效策略如果在下周多用一些，会有什么不同？

我（你）需要什么支持才能持续去做？

下一周，我（你）有多大信心可以继续维持？

如果退步了怎么办？

没有什么事情会永远直线上升，螺旋式上升、波浪式前进才是常态。

当觉得退步了，父母可以用以下问句来自我支持或支持孩子重整旗鼓，再度出发。

这周有很多事情超出预期，我（你）是如何渡过难关的？

很多人在面临突发挑战时往往手足无措，我（你）是靠什么力量支撑过来的？

事态总会起起伏伏，有时好一点，有时差一点，然后又会好起来，我（你）做些什么能恢复到上周的状态？

上周是进步的，说明上周有很多有效的行为，本周我（你）忘了做哪些有效的行为？

练一练

寻找例外练习单

凡事皆有例外，例外就是问题解决之道。纠结于问题从来无法解决问题，而问题的例外中则蕴藏着足够多的内在资源和解决问题的有效策略。

请带上笔和便笺，来到沟通区，用舒服的姿势坐在"红绿灯，黑白走"挂图前，寻找问题的例外，为自己和孩子赋能，使你们拥有更多"绿灯状态"。刚练习时，会有些生疏，沉下来，让它们慢慢浮现。

（1）在便笺上写下某个你希望解决的问题，如果是孩子的问题就贴到"你的事"的问题区，如果是自己的问题就贴在"我的事"的问题区。

（2）针对该问题，使用例外问句、刻度尺问句或应对问句寻找例外，并将关键词写在便笺上，贴在相应的资源区。

（3）至少自问5遍"还有呢？"，寻找更多的例外，每找到一个，就写在一张便笺上并贴在相应的资源区。

（4）自问"怎么做到的？"，发掘解决问题的有效策略，每找到一个有效策略，就写在一张便笺上并贴在相应的资源区。

第 **7** 章

从"我""你""他"到"我们"：家庭、学校、孩子如何结成同盟？

7.1　妈妈和爸爸的教育方式要统一吗？

佳兰（微信名）是两个孩子的妈妈，儿子读初中，女儿读小学。因为注重自我成长，她跟两个孩子的关系越来越好，孩子的学习态度也有好转。令她苦恼的是她和丈夫的教育理念不统一，以及丈夫与儿子的关系问题。

以前，夫妻俩就会因为教育理念、教育方法不一致而争执，学习家庭教育之后，佳兰更觉得丈夫的教育方法不得当，太简单粗暴，虽然丈夫不会打孩子，但经常批评指责孩子，平时管孩子不多，一管就是挑刺。

佳兰试图把从书上、家庭教育课上学到的知识和技巧讲给丈夫听，丈夫嗤之以鼻，甚至反唇相讥，说"你天天跟这个学，跟那个学，也没见你把孩子教好"之类的话。

尤其让佳兰头痛的是，丈夫与儿子经常发生冲突，吵闹一顿之后，分别来找佳兰告状：儿子说爸爸不尊重自己，爸爸说儿子不懂事，捎带着还会抱怨佳兰没管好儿子，偏袒儿子。

【"我""你""他"都处在问题区，"黄灯状态"或"红灯状态"】

在"红绿灯亲子沟通法"父母课堂上，我们把参与学习的父母当作第一人称"我","红绿灯，黑白走"中的"我的事"为参与学习的父母的事；孩子则作为第二人称"你"，"你的事"就是孩子的事；若涉及第三人则用"他"，"他的事"即第三人的事。

于是，在"你的事"的问题区，孩子的便笺有"跟爸爸顶嘴""逆反""学习态度有好转但还不足"等；在"他的事"的问题区，丈夫的便笺有"教育方法不得当""情绪管理有问题""不进行自我成长"等。

贴完便笺后，佳兰苦笑着说："我感觉我就像养了俩儿子，还都在青春期。我们老家有句俗语是'一个槽上拴不了俩叫驴'，爷儿俩见面就吵，愁死我了。"

我："哈哈哈，民间俗语的表现力就是不一般，你这一说，我都有画面感了。关于这件事，你想要的是什么？"

佳兰："爷儿俩能好好的，别天天跑来你告我的状，我告你的状。"

我请她用便笺写下来。她写下"理解爸爸的苦衷"并贴在"你的事"的资源区，这是她对儿子的期待；又写了"好好说话""尊重孩子""自我成长"，贴在"他的事"的资源区，这是她对丈夫的期待。**【建构归属于"你的事""他的事"的目标】**

我："假如他们做到了，你会有什么不同？"

佳兰思考后，在"我的事"的资源区贴上"更放松""感

觉家庭幸福""有更多精力工作、教育孩子""跟丈夫的关系更和谐"等。【建构归属于"我的事"的目标】

我请她创设未来，想象奇迹画面。在她的奇迹画面里，整个家庭其乐融融、幸福美满，亲子关系融洽，夫妻和睦，孩子努力学习，父母努力工作。

接下来，我请佳兰寻找例外以制定策略，即亲子关系融洽——特别是父子俩关系相对融洽的例外。佳兰先是说如果他们不见面，或者谁也不管谁的事，就会关系融洽，说完后又觉得不对，否定道："这不算融洽吧？爷儿俩各管各的，这是冷漠嘛。"

我请她思考父子俩在进行沟通交流，特别是在进行意见不合时的沟通交流的经历中，有没有过关系融洽或相对融洽的例外，或者有没有过他们发生冲突之后，在没有佳兰介入的情况下和好的例外。

佳兰："有。"

我："你做了什么？他们又分别做了什么？"

佳兰："我……，上不了台面，我是赌气耍性子。"

我："哈哈哈，我倒是想听听你是怎么赌气耍性子的，当然前提是你方便分享。"

佳兰："那倒也没啥。是这样，有一段时间呢，我真是不想管他们了，累了。那次，他俩又吵架。先是儿子跑来告状，说他爸这不好那不好；然后老公来告状，说儿子那不好这不好，还埋怨我没给孩子立规矩。我烦了。我赌气跟儿子说：'那是你爸，你要是想好好跟他处，你就跟他好好说话，别张嘴就像吃了枪药一样。你要是不想要这爸，反正你这么大了，你爱咋咋地，你比你爸还高还壮，不行就揍他一顿。'我又赌气对老公说：'那是你儿子，亲生的。你要是想好好跟他处就好好处，好好说话。你不想跟他处，不想要他，你也能动手把他赶出家门。你少来说我这不好那不好，教育孩子又不是我一个人的事。我不管了，以后儿子要零花钱我都不管，找你要，你爱给就给，不爱给拉倒。你们自己解决，打破头都不关我的事。'"

我："然后呢？"

佳兰："然后，他俩都蒙了，不敢惹我了。后来，笑死我了……儿子不得要零花钱嘛，我赌气不给，他只好找他爸，拿人手短，他也好好说话了。我老公……毕竟是他儿子，他也不想天天跟儿子吵。反正后来两人和好了，有几天还一起去打篮球了呢。可是好景不长，好了一段时间又开始吵了，两人又来找我告状了。"

我："说了这么多，回想当时的有效行为，你当下新的想法是什么？"

佳兰："他们的事让他们自己处理。可是，我当时是赌气。"

我："我注意到你在赌气时有一句话'要是想好好跟他

处'，你对父子俩都说了。你这句话背后好像有潜台词。"

佳兰："潜台词？他俩是亲爷儿俩，肯定想好好处呀。"

我："也就是说，你非常笃定地相信他们有共同的目标，就是好好相处。这也是你想要的吗？"

佳兰："当然了。他俩关系好，我们全家关系就好，我们都想要。"【建构出归属于"我们"的目标】

我："原来这个共同目标是潜台词，如果让它浮出水面，再结合刚才说的例外经验，你此刻有什么新的想法？"

佳兰："老师，我一下子明白了。以后，我不用赌气了，就跟他们说，以后你俩的事我不问了，因为我相信你们有共同的目标，你们都想好好处，这是我们全家共同的目标，都想让我们这个家和和睦睦的，你们有能力处理好关系。我把这个例外讲给他们听，剩下的，我就不管了。这下我可轻松了。"

有一个说法颇为流行，说在教育孩子时，家长的理念要统一，方法要一致，不然会迫使孩子选边站或无所适从。这成了很多家庭的目标之一。

我们不去讨论这个说法的对与错——如你所知，焦点解决的思维方式几乎不会从"对"与"错"的二元角度去讨论问题。我们单说这个目标的达成难度。

首先，一个家庭中的父母双方（有时候会再加上爷爷奶奶、外公外婆等）想要在任何时候、任何地点都保持教育理念、教育方法一致，这几乎是个不可能完成的任务。哪怕总的教育理念相同，具体事情上的具体方法也很难完全一致。

其次，即便是同一个人，也很难在任何时候、任何地点、任何事情上都态度如一、毫无波动。父母是人而不是神，难免会有"绿灯状态""红灯状态""黄灯状态"的差异。在不同的状态下，对于同一个孩子的同一种行为，就会有不同的情绪状态和行为反应，教育理念和方法也会有差异。同一个人尚且很难统一，两个不同的人、家庭中的所有成年人之间又如何做到统一呢？

同一个家庭的家长们因为想要统一教育理念和方法，而产生夫妻冲突、代际矛盾的情况非常多。所谓统一意见的举动，常常演变为权力之争，一方想要按自己的意见改造、改变其他各方。于是，战国七雄征战不休或楚汉双雄争霸的戏码在家庭中上演。一个家庭中的成年家长共同陷入越努力越纷争、越用力问题越多的悖论困境。

在第 4 章中，有关于"目的与手段"的区分，关于"想要的"和"真正想要的"的厘清。当"统一教育理念和方法"这个目标受挫时，我们需要思考，这个"想要的"目标背后有没有一个更大的"真正想要的"目标，这个目标是手段还是目的？

很明显，一个家庭真正想要的一定是每个成员各自的和所有成员共同的幸福，是在"人"的层面的关系融洽、相亲相爱。在"事"的层面，孩子好好学习，家长努力工作、共同教育孩子则是目的，而所谓的统一教育观念和方法不过是达成目的的手段之一。

既然是一个家庭，就会有"我"，有"你"，有"他"，有"我们"。

"我""你""他"决定了每个家庭成员都有自己独立的感受、情绪、需求和想法，不可能也无须完全统一，统一则可能让其中的一方或多方丧失独立性和自主性。家庭是一个系统，成员之间休戚与共，其中任何一个成员丧失独立性和自主性，任何一个成员不幸福，整个系统中的所有成员都不会真的幸福。

"我们"把家庭中的所有成员联结在一起，于是家庭有了共同目标，有了共同想要的、共同真正想要的。共同目标一开始是明确的，但不会始终明确，特别是在家庭成员不可避免地有意见分歧的时候，成员往往会纠结于问题，聚焦于各自"不想要的"，于是产生矛盾和冲突。

但从佳兰的例子可以看出，在关系之中，矛盾和冲突不是问题，问题是家庭成员能否跳出问题，在保持关系联结的情况下，聚焦于解决问题——在保持"我""你""他"各自的独立性和自主性的情况下，分清"我的事""你的事""他的事"，求同存异，反复建构"我们"的共同目标，创设"我们"想要的成功画面，然后寻找例外，制定出相应的有效策略。

7.2　如何处理家校关系?

初一学生小张拒绝写作业，上课公然睡觉。妈妈带他来到我的工作室。

事情的缘起是一节自习课上小张和同桌说笑，被老师罚站。小张对老师的处理方式很是愤怒，倒不是因为被罚站，而是因为独自被罚站。他觉得不公平，觉得自己"被针对"。同桌成绩好，自己成绩中等，但违反纪律的是两个人，而且那次是同桌先跟自己说话的，但老师"不分青红皂白"，先点名批评了他。

小张抗议并与老师发生言语冲突，老师更生气，要他到教室外罚站。同桌也举手说要一起罚站，老师说："本来你也该罚，但是现在性质变了。他罚站是因为顶撞老师、不服管教。你不用罚站。"

再进教室，小张就趴在桌子上不听课了。

这件事被通知给家长，妈妈又批评了小张，小张本来已经把当天的作业放在桌子上准备完成，这下干脆不写了。父母和老师更为着急，更严厉地批评他。小张就彻底摆出"爱谁谁，爱咋咋"的态度。

在我的工作室，妈妈始终在告诫儿子要尊重老师，听老师的话，但言语中也透露出对老师的不满，觉得老师确实"偏心"，难怪儿子"气不顺"。她劝儿子说："人在屋檐下不得不低头，咱得忍忍呀，孩子。"小张白了她一眼，鼻子里哼了一声。

这涉及三方矛盾，但到场的只有两方。

我把"红绿灯，黑白走"上的"我的事"设为小张的妈妈的事，"你的事"设为小张的事，"他的事"设为老师的事。

我请母子俩分别说说自己希望其他的两方怎么做。妈妈期待小张"听话""好好学习"，希望老师"对孩子进行欣赏式教育"；小张希望得到妈妈的"理解""尊重"，想让妈妈"听人把话说完"，希望老师对他"公平""尊重"，"听人把话说完"。

接着，我请他们提前假设，如果其他两方满足了自己的期待，自己会有什么不同？妈妈说如果那样，自己会给予孩子更多表扬、鼓励，给孩子更多的爱，对老师则更尊重、更配合。而小张则说如果那样，自己会更听话，更努力学习。

我再请他们各自思考，假如他们分别做到了这些，其他两方又会有什么不同？

到这里，愤怒和抱怨停止了，每个人的资源区都有了便笺，每个人都承担起了自我改变然后引发相关方改变的责任。

如你所料，后来我请母子俩分别创设目标达成后的画面，并寻找例外、制定策略。

最后，为了郑重起见，我提议母子俩共同给老师写封短信。写的过程多少有点波折，起先妈妈想要先检讨，写上对老师道歉的话，但小张抗议说："是要写检讨书吗？"

我提醒说："妈妈、老师、孩子，你们共同想要的是什么呢？"

几经修改，最后写成的短信内容如下。

尊敬的陈老师：

我们知道您的所有教育方式都是为了学生好，都是为了让学生有一个美好的前途。我们也一样。张××的成长和学习是为了达成这个目标，妈妈的教育也是为了这个。我们的目标是一致的。

因为这一段时间的事，我们咨询了一位心理教练。我们制订了接下来的行动计划。张××会好好学习，明天就交作业，也会认真听讲。妈妈会一如既往地积极配合老师的教育，会鼓励孩子努力学习，以达成我们共同的目标。

张××在学习成长中还会有这样那样的不足，您多费心了！但我们会努力的，也请您多多关注他接下来的点滴进步。

张×× 张××妈妈

年 月 日

后来，妈妈反馈说，收到这封短信以后，老师单独跟小张谈了话，说自己很感动，并说一直认为小张是个好学生，很有潜力。她还先向小张道了歉，当然小张也赶紧给老师道了歉。妈妈说小张的学习态度明显发生了很大变化。

在这个案例中，小张和妈妈都对学校有抱怨，显得好像家庭和学校不是合作关系，但实际上不是这样的。

从教育孩子的角度看，家庭和学校合在一起组成一个体系，老师、家长、孩子是体系中相互关联、无法分割的部分。

所谓体系，是一组事物，在某个环境中相互影响，从而形成不同于任何部分的更大模式（贝塔朗菲，1968）。意思是，体系由各个部分组成，并最终达到"1+1>2"或"N个1相加大于N"的效果。但要想达到部分相加大于部分之和的效果，只有体系中的每个人或每个部分相互合作才能实现。相互抱怨、提防，则只会让各自的努力相互抵消甚至相互冲突，每个人都像陷入一张无形的网中，苦苦挣扎却无力前行。

抱怨和提防来自问题视角——每个人都在盯着对方的缺点、不足和问题。合作之道则源于资源视角。"红绿灯亲子沟通法"所体现的焦点解决思维方式里，资源视角无非两个框架——目标框架和例外框架。其中，目标框架有目标和愿景，分别在沟通流程的前两步"建构目标"和"创设未来"中体现，例外框架则主要体现在第三步"制定策略"中。

一个体系之所以成为体系，一定是因为这个体系中的各个部分，也即这个体系中的"我""你""他"有共同的目标框架，以及有"我们"的共同目标，同时又有问题不存在或问题存在但较轻的例外。找到它们就能停止抱怨和提防，走向合作共赢的局面。

焦点解决对父母的基本假设

我们相信所有父母都想做到以下几点。

· 以自己的孩子为荣。

· 带给孩子正面的影响。

· 听到孩子的好消息，而且知道孩子很善良。

· 让孩子接受良好教育，有出人头地的机会。

· 看见孩子的未来比自己的更美好。

· 与孩子建立良好关系。

· 对自己的孩子抱有希望。

在焦点解决的经典文献中，我还没有看到对老师的基本假设的系统论述，但如果套用以上的格式，把主语"父母"置换成"老师"，把宾语"孩子"置换成"学生"也基本没错，于是我斗胆做出以下推论。

焦点解决对老师的基本假设

我们相信所有老师都想做到以下几点。

· 以自己的学生为荣。

· 带给学生正面的影响。

· 听到学生的好消息，而且知道学生很努力。

· 让学生接受良好教育，有出人头地的机会。

· 看见学生的未来比自己的更美好。

· 与学生建立良好关系。

· 对自己的学生抱有希望。

从目标的角度看，家庭和学校、父母和老师以及孩子本人建构共同的目标，不聚焦于各自的问题，而是聚焦于共同想要达成的目标、愿景，并在此基础上找到各自做得好的例外，家校合作才不会是一句空话。

梅特卡夫博士担任学校心理辅导员多年，在对学生做过心理辅导之后，她都会亲自给父母、老师写一封短信或发一封电子邮件，并建议学生也这样做，以引发整个体系的涟漪效应——一个人的改变引发体系内所有人的改变，最终达成整个体系的改变。心理学家迈克尔·怀特认为，一张字条对辅导对象的影响相当于6次辅导。所以，给体系内相关人等写一张字条、一封短信、一封正式的邮件或发一条微信，将会起到不可忽视的作用。

我建议小张和妈妈写的那封短信就参照了梅特卡夫博士的格式。现将其要点罗列如下。

· 短信无须太长，只需表述沟通要点，要正向表达。

· 表达对对方想要达成的目标的理解和支持。

· 表达写信人的目标和计划，此目标和计划既是自己的，也是对对方目标的具体支持方案。

· 请对方关注自己接下来的一点点正向行为和变化。

练一练

建构归属于"我们"的目标练习单

人在关系中生存，问题在关系中解决。

请带上笔和便笺，来到沟通区，用舒服的姿势坐在"红绿灯，黑白走"挂图前，建构属于"我们"的目标。

（1）罗列某个你希望解决的问题，用便笺记录关键词，孩子的问题就贴在"你的事"的问题区，自己的问题就贴在"我的事"的问题区，你和孩子之外的第三人的问题就贴在"他的事"的问题区。

（2）请思考，在这个想要解决的问题背后，"我""你""他"各自想要的是什么，避免使用"不""不要"等否定词，而用正向表达，写好后将便笺分别贴在"我""你""他"的资源区，这是分别归属于"我""你""他"的目标。

（3）对比 3 个人想要的目标，总结出归属于"我们"的共同想要达成的目标。

（4）寻找问题的例外，你们何时曾有过达成共同目标、接近共同目标的时候？怎么做到的？如果你足够耐心的话，可以写出数十张资源便笺。